Gestión integrada de recursos humanos

Guía para el docente y solucionarios

Editado por: IC Editorial
c/ Cueva de Viera, 2, Local 3
Centro Negocios CADI
29200 Antequera (Málaga)
Teléfono: 952 70 60 04
Fax: 952 84 55 03
Correo electrónico: iceditorial@iceditorial.com
Internet: www.iceditorial.com

Guía para el docente y solucionarios:
Gestión integrada de recursos humanos

1ª Edición

© IC Editorial, 2024

ISBN: 978-84-1184-308-9
Depósito Legal: MA 1608-2024

Impresión: PODiPrint
Impreso en Andalucía - España

Nota de la editorial: IC Editorial pertenece a Innovación y Cualificación S. L.

Índice

Guía para el docente: técnicas de enseñanza y aprendizaje

Contenido

1. Introducción

El presente capítulo está destinado a ofrecer al cuerpo docente responsable de la enseñanza del programa de cualificaciones profesionales y certificados de profesionalidad, una guía metodológica para obtener el máximo rendimiento de los contenidos formativos que han sido desarrollados para el presente título.

La mejora de las habilidades comunicativas y la aplicación de una metodología contrastada de enseñanza, aprendizaje y evaluación permitirá transmitir el conocimiento y adquirir el programa formativo de la forma más efectiva y práctica posible.

Estudiaremos cuáles son los principales elementos que forman parte de la comunicación profesor-alumno, a través de una cuidada selección de sistemas de planificación de estrategias didácticas, así como la utilización de medios y recursos didácticos.

La integración de todas las actividades planificadas alrededor de un plan de formación adaptado e individualizado, aumentará además la satisfacción del alumnado por la utilización de un sistema no lineal e interactivo que se retroalimenta gracias a la relación establecida entre la propia metodología y los actores que forman parte de la enseñanza.

2. El programa de formación

Una de las claves del éxito de la mayoría de las actividades que se realizan en general, y concretamente en la formación, es la **programación.** Es necesaria la programación de las acciones formativas, para que así se pueda alcanzar el objetivo final, es decir, que el alumno obtenga una buena capacitación y adquiera nuevos conocimientos en su repertorio y que, después, sea capaz de emplearlos en su trabajo.

2.1. Definición de programación

Cuando se habla de **programación,** se pueden encontrar multitud de definiciones. Para sintetizar, se podría definir como la actividad de enunciar lo que se quiere hacer (objetivos, contenidos, métodos, temporalización, medios y recursos didácticos y evaluación).

 **DEFINICIÓN**

Programación

Es un plan donde se establecen las acciones que se van a realizar en un proceso de enseñanza-aprendizaje, por medio de un formador o un equipo.

A continuación, se va a describir una serie de características que tiene que tener una programación didáctica:

- ➲ Dinámica. Una programación no es estática ni está acabada, siempre está en constante revisión, de ahí su dinamismo. Además va cambiando o evolucionando según los resultados de la evaluación continua que se va realizando durante la ejecución de la acción.
- ➲ Flexible. Esta característica permite que se puedan hacer cambios, ampliaciones, reducciones y actualizaciones de los contenidos y actividades programadas, según las necesidades que se observen.
- ➲ Creativa. La programación como es un diseño propio y exclusivo, exige creatividad y originalidad. El docente es el que decide sobre el quehacer en el aula teniendo en cuenta las características del grupo, las necesidades que se pretenden satisfacer y las propias posibilidades.
- ➲ Prospectiva. La programación consiste en hacer un pronóstico de la interacción que se va a producir en el aula.

⊃ Sistemática. La programación es un proceso sistematizador que da coherencia a la acción formativa, ya que tiene en cuenta todos los elementos (objetivos, contenidos, métodos, temporalización, medios y recursos pedagógicos y evaluación) que intervienen en el acto educativo y analiza sus relaciones.

⊃ Integradora. Permite integrar elementos de cualificación técnico-profesionales con elementos de cualificación personal de alumnado.

⊃ Funcional. Toda programación debe basarse en el perfil profesional de la ocupación y estructurar los contenidos formativos que proporcionan las competencias de ésta.

2.2. Elementos de la programación

Antes de empezar cualquier programación formativa, es necesario tener en cuenta los datos obtenidos del análisis de la ocupación y del grupo al que se dirige la acción formativa. A partir de esta información, se determinan los elementos que van a conformar la programación.

Cuando se realiza la programación de un curso, hay que plantearse previamente las siguientes preguntas:

1. ¿Qué quiero conseguir con la formación?	**OBJETIVOS**
2. ¿Qué conocimientos deben asimilar los alumnos para alcanzar los objetivos propuestos?	**CONTENIDOS DEL CURSO**
3. ¿Cómo trabajamos en el aula? ¿Qué actividades son las que realizamos?	**MÉTODOS DE ENSEÑANZA**
4. ¿Cuánto tiempo tengo y cuánto dedico a cada módulo?	**TEMPORALIZACIÓN**
5. ¿Qué medios y recursos didácticos se necesitan para poder llevar a cabo esas actividades?	**MEDIOS Y RECURSOS DIDÁCTICOS**
6. ¿Cómo sabemos que se ha producido el aprendizaje?	**EVALUACIÓN**

3. Factores determinantes de la efectividad de la comunicación en el proceso de enseñanza-aprendizaje

En toda comunicación que se produzca en el proceso de enseñanza-aprendizaje, existen factores determinantes que obstaculizan o refuerzan este proceso.

3.1. Obstáculos de la comunicación

Relacionados con el emisor

- ⊃ No expresar de forma clara qué mensaje se quiere transmitir.
- ⊃ Comentar algo a lo largo de la explicación que no sea lo correcto y pueda resultar desagradable.
- ⊃ Cambiar el tema de conversación.
- ⊃ Desviarse del tema que se está tratando.
- ⊃ No mirar al receptor cuando se quiere expresar algo.
- ⊃ No estar atento a las señales que emite el receptor.
- ⊃ Expresar alguna idea a través de los gestos que no se corresponda con la idea a comunicar.

Relacionados con el receptor

- ⊃ No comprender las ideas que quiere expresar el emisor.
- ⊃ No pedir explicación al emisor de aquella información que no le haya quedado clara.
- ⊃ Interrumpir al emisor cuando está hablando.
- ⊃ Captar algo diferente a lo que el emisor desea transmitir.

Relacionados con el mensaje

- ⊃ Mensaje confuso.
- ⊃ Mensaje muy corto.

- Mensaje muy extenso.
- Abuso de muletillas.
- Utilización de frases sin terminar.
- Dar "rodeos" para decir la idea principal.

Relacionados con el contexto

- No ser el momento adecuado para transmitir algo.
- No saber escoger el lugar oportuno.
- La presencia de ruidos y de interferencias.
- No pensar en las personas que están cerca.

Relacionados con el código

- No utilizar el mismo código que la persona con la que se habla o a la que se escucha.
- No adaptar el vocabulario a la situación o a la persona con la que se conversa.
- Utilizar el doble sentido.

3.2. Sugerencias para el mejor funcionamiento de la comunicación

Emisor

- Acostumbrarse a planificar la comunicación.
- Concretar visiblemente los objetivos.
- Buscar la retroalimentación en la comunicación.
- No tratar de impresionar al receptor.

Mensaje

- Que sea claramente entendido por el receptor.
- Que la terminología usada sea de referencia común.
- Que reclame la atención y el interés del alumnado.
- Que sea sencillo de interpretar.

⊃ Que su contenido sea adecuado y convincente.

⊃ Que produzca el máximo efecto posible.

___

Canal

⊃ Que sea el más apropiado al grupo al que se dirige, al contenido del mensaje y al objetivo que persigue el formador.

⊃ Que sea el que cause mayor impacto en el receptor.

⊃ Que sea el más eficaz.

⊃ Que sea el que mejor domine el formador.

4. La comunicación verbal y no verbal en el proceso instructivo

Los medios de comunicación pueden agruparse en dos grandes bloques: los **medios verbales,** que son aquellos que usan la lengua como código compartido; y los **medios no verbales,** que son los que se fundamentan en otros códigos simbólicos. A su vez, dentro de los medios verbales, están el medio escrito y el medio oral.

Cada uno de estos medios tiene sus ventajas y sus inconvenientes, por lo que la selección del medio deberá tener en cuenta las circunstancias y características que en cada caso presenta el comunicador, la audiencia y el mensaje que se ha de transmitir.

4.1. Los medios verbales

La comunicación verbal

La comunicación verbal se utiliza para comunicar ideas o dar información, opiniones, expresar o describir sentimientos, etc. Sirve de vehículo a los contenidos explícitos del mensaje. Para garantizar la efectividad de la comunicación, es necesario que el mensaje se presente de forma descriptiva y operativa, pero siempre teniendo muy en cuenta el código común del grupo al que va dirigida esta comunicación.

Un uso correcto del lenguaje oral ayuda a acercarse más a los alumnos. Los principales aspectos a considerar son los que aparecen a continuación.

Construcciones gramaticales

El objetivo será transmitir el mensaje de la manera más clara posible. Se deben evitar los giros rebuscados, la sintaxis complicada y las metáforas. En las explicaciones y conversaciones debe primar el contenido sobre la forma.

Vocabulario

Es importante saber qué palabras van a expresar mejor los conceptos que se desean transmitir y las que pueden ser comprendidas mejor por los alumnos. El análisis previo de los alumnos ayuda a saber qué términos técnicos se pueden utilizar sin problemas, cuáles se tienen que explicar y cuáles se deben evitar.

En general, siempre hay que mantenerse dentro de un lenguaje formal, evitando los vocablos demasiado coloquiales, las palabras extranjeras, las referencias académicas y expresiones de carácter religioso, político, deportivo o cultural, que pueden resultar agresivas para los alumnos.

Ejemplos

Los conceptos abstractos que pueden aparecer y que dificultan la adquisición de los contenidos, tienen que ser expresados mediante las explicaciones del formador, siempre apoyándose en la visualización.

La comunicación escrita

La comunicación escrita posee un carácter más veraz que la oral. La interacción que tiene lugar entre el emisor y el receptor no es inmediata, en algunas ocasiones no llega a producirse jamás. Este tipo de comunicación ofrece más oportunidades expresivas y mayor complejidad gramatical, sintáctica y léxica. También hay que tener en cuenta que a veces dificulta la expresión y/o puede no proporcionar *feedback* de manera inmediata.

4.2. Los medios no verbales

Al igual que las palabras, los elementos de la comunicación no verbal son signos que representan una idea (se excluyen todos los signos lingüísticos).

A diferencia de la comunicación verbal, su función no se centra sólo en la transmisión de contenido, sino que traspasa esa frontera para expresar también las emociones del emisor, controlar la interacción y proporcionar *feedback* del efecto que el mensaje produce en el receptor. Todas estas funciones son muy útiles para el formador, tanto en su tarea de transmisor de conocimientos como en la tarea de motivar y dirigir al grupo.

A continuación, se detallan las diferentes categorías en las que se agrupan los elementos de la comunicación no verbal.

Kinesia

Posturas

Una de las primeras cosas que el formador debe transmitir a sus alumnos es confianza y seguridad, lo que puede conseguirse a través de una postura erguida (sin llegar a ser arrogante), de pie, apoyándose sobre los dos pies y manteniendo la cabeza alta.

Esta postura es útil, especialmente durante la presentación del curso, porque ayuda a relajar el cuerpo, a facilitar la respiración y a controlar las muestras de nerviosismo, al tener un buen apoyo en el suelo.

A medida que avanza el curso, se pueden adoptar otras posturas que faciliten el descanso (apoyarse), el acercamiento (echar el cuerpo hacia delante) o que resten protagonismo (sentarse).

_____

Gestos

Los gestos son un buen aliado del formador, excepto cuando éste se siente incómodo o nervioso. Gestos de carácter adaptador, como rascarse o colocarse la ropa, pueden delatar su estado emocional.

La mayoría de los gestos cumplen la función de reforzar el mensaje verbal (ilustradores), aunque existen otros cuya función es regular las intervenciones cuando se dirige una discusión de grupo.

_____

Expresiones faciales

Las expresiones de la cara transmiten las emociones y permiten obtener fácilmente una respuesta del alumno.

Una expresión facial agradable, como una sonrisa no forzada, facilita la creación de un ambiente relajado en el aula. Una sonrisa puede ser muy útil también para romper la tensión que inevitablemente surge en algunas sesiones.

_____

Mirada

La mirada, junto con la postura, es uno de los mejores métodos para transmitir confianza (en momentos de nerviosismo se tiende a apartar la vista) y para captar la atención de los alumnos.

Mientras el formador habla debe mantener la mirada sobre los alumnos la mayor parte del tiempo, mirándolos el tiempo suficiente como para que se sientan atendidos pero no incómodos. También se puede utilizar la mirada durante las discusiones de grupo, con una función reguladora de las distintas intervenciones.

Desplazamientos

Realizar desplazamientos en el aula capta la atención del alumnado, además de facilitar el contacto visual. Hay que procurar que no sean repetitivos o bruscos (pasear cerca de los alumnos), y cambiar de un recurso a otro (ir de la pizarra al retroproyector), etc.

 **RECUERDE**

Los recursos no verbales que estudia la Kinesia son:

- Posturas.
- Gestos.
- Expresiones faciales.
- Mirada.
- Desplazamientos.

Estos recursos pueden utilizarse tanto para reforzar lo que se expresa mediante la comunicación verbal como para sustituirlo.

Proxémica

El aspecto de la proxémica que más interesa es la proximidad física entre los individuos, ya que los alumnos pueden sentirse violentos si el formador se aproxima excesivamente a ellos o, por el contrario, verle distante si no se acerca.

Se debe prestar atención a este aspecto, tanto durante las intervenciones como al distribuir el espacio del aula que se va a emplear, evitando siempre que los asientos estén demasiado juntos o demasiado separados.

Paralingüística

Para captar la atención del público, los oradores suelen hacer uso de determinados aspectos como el tono de voz o las pausas, que en algunos casos pueden parecer exagerados.

El formador, aunque emplee el método de la lección magistral, no es un orador y, por tanto, no debe prestar especial atención a estos aspectos, excepto cuando le plantean algún problema, debido a la ansiedad, al cansancio o a un mal estado de salud. Practicar en voz alta y realizar grabaciones durante la fase de preparación puede ayudar a vencer estas dificultades.

Volumen

Aunque el aula sea pequeña, se tiene que realizar el esfuerzo de hablar lo suficientemente alto para que todos los alumnos oigan las explicaciones y, a la vez, transmitir confianza. En general, el volumen se ajustará instintivamente cuando se compruebe dónde se sitúa la persona que se encuentra más alejada.

Entonación

El problema más frecuente, especialmente si se está cansado, es la monotonía, que no contribuye a captar la atención ni a motivar a los alumnos.

El interés que el formador muestre por el tema y una correcta preparación le hará destacar los puntos clave y jugar con la entonación de una forma adecuada a lo largo de toda la exposición.

_____

Pronunciación

Los problemas se presentan especialmente cuando se está nervioso o se habla demasiado rápido. Se debe hacer un esfuerzo por articular todas las palabras de manera limpia y clara, abriendo la boca lo suficiente para pronunciar correctamente las sílabas, consonantes y vocales.

_____

Velocidad

Una velocidad correcta puede ayudar a resolver problemas de pronunciación y de entonación. Se debe hablar a una velocidad normal o algo superior, para facilitar el mantenimiento de la atención. No obstante, si se está nervioso, se puede hablar con mayor lentitud para facilitar la respiración y relajarse. También se debe reducir la velocidad cuando se expliquen conceptos técnicos complejos o cuando se espere alguna respuesta por parte de los alumnos.

 **RECUERDE**

Los elementos que trata la Paralingüística son:

- El volumen.
- La entonación.
- La pronunciación.
- La velocidad.

Proyección física

Existen determinados factores que, sin que la persona diga ni haga nada, transmiten información y hacen referencia a la imagen física que esta persona proyecta.

Es fundamental que el formador transmita una imagen positiva para los alumnos. Se debe cuidar el aspecto externo y los artefactos que se usen, como los adornos y prendas de vestir. La manera adecuada de vestir depende de la situación y siempre debe estar en consonancia con lo que cada colectivo de alumnos espera del formador.

 EJEMPLO

Sería negativo vestir pieles para impartir un curso cuyo objetivo fuese desarrollar actitudes positivas hacia la protección del medio ambiente.

En cualquier caso, se debe llevar ropa que resulte cómoda, bien cuidada y no demasiado llamativa. A los adornos y al peinado se aplican las mismas reglas que al vestido.

 IMPORTANTE

Un objetivo fundamental del formador es dirigir la atención de los alumnos hacia el contenido que está desarrollando, nunca hacia su persona.

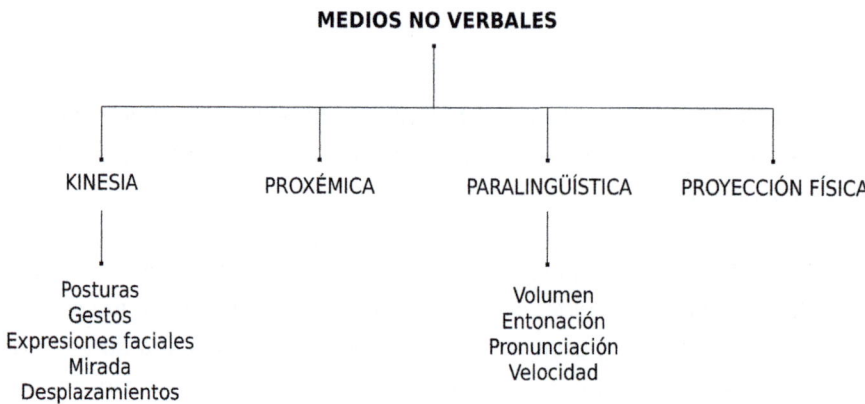

Finalmente, conviene recordar que si el formador observa atentamente la comunicación no verbal que expresan los alumnos, obtendrá una gran cantidad de información.

Hay numerosos signos no verbales que puede mostrar el alumno:

- **Atención:** posturas del cuerpo (inclinado hacia delante, hacia atrás...).
- **Necesidad de hablar:** movimientos sutiles de la boca, de la mano, etc.
- **Irritación:** movimiento de pies, manipulación de objetos sobre la mesa, etc.
- **Concentración:** tomar apuntes, mirar al docente, etc.
- **Cansancio:** cuerpo hundido, suspiros, etc.
- **Inercia:** silencios de todo el grupo, etc.
- **Desinterés:** cerrar el cuaderno, bostezar, mirar al vacío, etc.
- **Sorpresa:** levantar los brazos, abrir la boca, levantar las cejas, abrir los ojos, etc.

Si se observan estos elementos de forma atenta, se podrá obtener información sobre la comprensión del mensaje y el estado emocional de los alumnos, lo que será de gran utilidad para el formador durante el curso.

La comunicación no verbal aporta información al formador sobre los alumnos

5. Técnicas de secuenciación de contenidos

Una vez seleccionados los contenidos, hay que ordenarlos secuencialmente. La **secuenciación y estructuración de los contenidos** es el proceso que permite situarlos en una configuración que produce el máximo aprendizaje en el mínimo tiempo posible.

Algunas de las técnicas para la secuenciación de contenidos son las siguientes:

- ➲ Que los contenidos estén de acuerdo con los objetivos propuestos y con los plazos previstos para conseguirlos.
- ➲ Empezar por los contenidos más próximos y significativos para el alumno, para llegar poco a poco a lo desconocido. De esta manera, resultará más fácil introducir los nuevos contenidos.
- ➲ Ir de lo inmediato a lo remoto.
- ➲ Ir de lo concreto a lo abstracto.
- ➲ Ir de lo más fácil a lo más difícil. Esto motiva al alumnado porque le va mostrando los avances de manera rápida.

Las principales ventajas que este proceso conlleva son:

- ➲ Ayuda al participante a pasar de un conocimiento o habilidad a otro.

⊃ Garantiza que los conocimientos y habilidades previas son alcanzados antes de introducir elementos nuevos.

⊃ Reduce el tiempo de formación.

⊃ Evita la confusión y los fallos en el participante.

Estos puntos son los principales aspectos a tener en cuenta cuando se realiza la presente fase de la programación de la formación, es decir, cuando se fijan los contenidos de la formación.

6. La selección y planificación de estrategias didácticas

Las personas que realizan un curso de formación son diversas, por ello es muy importante que las estrategias didácticas se adapten, de la mejor forma posible, al contexto y permitan una flexibilidad.

 **DEFINICIÓN**

Estrategias didácticas

Son procedimientos que el formador emplea para facilitar el aprendizaje, con la intención de que éste sea significativo.

Tras la selección y estructuración de contenidos, llega el momento de decidir la modalidad de formación a seguir y la metodología a utilizar en su impartición. Pero esta decisión no se puede tomar arbitrariamente, sino que ha de basarse en unos criterios. Los criterios de decisión básicos para determinar qué estrategia y qué método de formación es el adecuado, son:

⊃ La compatibilidad con los objetivos.

⊃ Los principios generales del aprendizaje del adulto: individualización, motivación, utilidad, practicidad, intereses, etc.

- ➲ Los principios de rigor, realismo y participación.
- ➲ El carácter eminentemente aplicativo de los aprendizajes.
- ➲ La posibilidad de transferir los aprendizajes al puesto de trabajo.
- ➲ Los recursos disponibles, incluido el tiempo.
- ➲ Los factores relacionados con los participantes, como el estilo de aprendizaje, la edad, el tamaño del grupo, la motivación, etc.

Una vez escogido el método, se observa que ninguno es químicamente puro, sino que unos participan de otros. Por lo demás, todo método puede ser adecuado o inadecuado dependiendo del modo en que sea empleado.

Los formadores deben utilizar los métodos flexiblemente, de la forma que mejor se adapten al estilo de formación, a la materia y a los alumnos, complementando cada método con la técnica y recurso didáctico más acorde.

7. La selección y planificación de medios y recursos didácticos

Para realizar cualquier acción formativa, hace falta algo más que elegir y aplicar unos métodos y unas técnicas. Son necesarios los medios y recursos didácticos, que van a ayudar a desarrollar la metodología seleccionada en el aula. Los medios y recursos didácticos permiten el trasvase de información formador-alumno.

 **DEFINICIÓN**

Medios didácticos

Son materiales elaborados para facilitar los procesos de enseñanza-aprendizaje.

Recursos didácticos

Son soportes mediante los cuales se presentan los contenidos del curso a los alumnos.

A la hora de escoger el medio o recurso a utilizar, se deben tener en cuenta los siguientes criterios:

- **Características de la materia o tema.** Dependiendo de la naturaleza de los contenidos, éstos pueden ser transmitidos por unos u otros métodos.
- **Los objetivos del curso.** Toda selección de medios y estrategias de enseñanza deben realizarse en función de éstos.
- **La disposición del aula y el número de alumnos.** Hay que tener cuidado, sobre todo en la visibilidad de alguno de los recursos, porque pueden perder eficacia.
- **Tiempo disponible para la formación.** Este elemento tiene que estar siempre presente, porque, en función del tiempo que se tenga, se elegirá lo que se adapte mejor a las necesidades.
- **Recursos disponibles,** ya que en algunas ocasiones están a nuestro alcance.
- **El uso que se haga de ellos,** cuál es la finalidad, qué es lo que se pretende y en qué momento se van a utilizar.
- **El nivel de conocimiento de los alumnos** sobre el tema.

Todos estos puntos se han de tener en cuenta a la hora de escoger un medio o recurso didáctico. La finalidad de éstos no es otra que la de fundamentar, apoyar y reforzar el acto formativo.

8. La planificación de la evaluación del proceso de enseñanza-aprendizaje

La aplicación de programas de formación lleva a la obtención de unos determinados resultados. Éstos serán los frutos de la formación y mostrarán el grado de eficacia y eficiencia con que se lleva a cabo la función formativa.

Los resultados indican el éxito de la formación mediante su contraste con los objetivos fijados anteriormente. Este procedimiento recibe el nombre de **evaluación,** proceso ampliamente conocido y con trascendencia reconocida para la formación. Según el proceso de evaluación aplicado, los resultados obtenidos serán reales y fiables, o bien, falseados.

Para que los resultados de la evaluación muestren con certeza el grado de éxito alcanzado con la formación, es necesario un requisito previo: el establecimiento de criterios de evaluación durante el proceso de planificación de la formación. Los criterios actúan como puntos de referencia, a partir de los cuales se valoran los resultados obtenidos.

Los criterios de evaluación han de fijarse con mucha atención, ya que determinan el proceso de evaluación, y éste juzga el grado de éxito de la función formativa.

El primer aspecto a tener en cuenta es la validez: los criterios de evaluación han de ser válidos en relación a los elementos del proceso formativo.

Los aspectos que determinan el grado de validez de los criterios de evaluación son:

⊃ La relevancia.
⊃ La no deficiencia.
⊃ La no contaminación.
⊃ Su fiabilidad.

El establecimiento de criterios válidos y fiables permitirá elaborar un proceso de evaluación de la formación que mida rigurosamente la eficacia y la eficiencia de la función formativa.

9. El seguimiento formativo

El seguimiento es un proceso continuo que sirve para evaluar la eficacia del uso de los recursos y para saber qué iniciativas se pueden emprender para mejorar el aprovechamiento de los recursos formativos.

El seguimiento, además de realizarse después de haber finalizado la planificación formativa, también se realiza antes de la acción.

9.1. Características

El seguimiento formativo permite evaluar los distintos componentes (desde los alumnos hasta todos los elementos que forman la programación) que intervienen en él durante todo el proceso de formación.

El seguimiento formativo se diferencia de la evaluación en que éste tiene que ver más con tareas organizativas, de coordinación, administrativas, etc.; sin embargo, la evaluación valora aspectos de los procesos de formación, como pueden ser la comunicación, el aprendizaje de los nuevos conocimientos, etc.

Con la realización adecuada de un seguimiento formativo:

- Se pueden **descubrir errores o desajustes** en el proceso de enseñanza-aprendizaje antes de que se realice la evaluación final para comprobarlos.
- Se pueden **corregir los errores** en el momento en el que se están produciendo.
- Además, **se detectan los aspectos positivos** que tienen lugar a lo largo de todo el proceso y las **posibles mejoras** que se pueden realizar.

El seguimiento formativo tiene que ser realizado por todas las personas que están implicadas en la realización de los cursos de formación (tutores, coordinadores, técnicos, etc.), por ello, el formador es una figura importante en el proceso de formación, ya que se encuentra implicado en él.

El proceso de formación debe estar planificado, pensado y planteado antes de que empiece la acción de formación, nunca debe llevarse a cabo de manera cerrada, sino que tiene que estar abierto a cualquier cambio que se considere necesario.

9.2. Finalidad

Son varias las finalidades que persigue el seguimiento formativo:

⊃ Ayudar a comprender por qué ocurren algunas cosas y qué se puede hacer para intervenir en ese proceso que se está llevando a cabo.
⊃ Identificar y solucionar los problemas que surgen a lo largo del proceso.
⊃ Contribuir para elaborar planes de formación de manera objetiva, sin desviarse de la finalidad éste.
⊃ Colaborar en la disminución y control del uso de los recursos materiales.
⊃ Determinar el nivel que puede alcanzar el rendimiento y relacionarlo con el rendimiento actual.
⊃ Diagnosticar y detectar problemas para llevar a cabo las acciones correctivas pertinentes.

9.3. Planificación

El seguimiento formativo debe planificarse antes y durante la acción formativa.

El objetivo de este seguimiento es comprobar la eficacia de la acción formativa antes de que ésta llegue a su fin, es decir, es necesario que durante este proceso todos los elementos que van a formar parte del aprendizaje estén planificados.

Los dos momentos que hay que tener en cuenta para planificar el seguimiento formativo son:

⊃ **Antes de la acción formativa:** es necesario conocer las necesidades, el perfil del alumno, qué materiales, instrumentos, recursos, medios didácticos se van a usar.
⊃ **Durante la acción formativa:** aquí el seguimiento se utiliza para comprobar los posibles errores y mejoras que se pueden llevar a cabo. Ofrece la posibilidad de poder modificar aquellas acciones o medios que dificultan el avance del aprendizaje.

10. Instrumentos para el seguimiento

A lo largo de un ciclo formativo pueden suceder errores y surgir problemas, esto abarca desde la identificación de necesidades hasta la planificación, el diseño, la implantación y la evaluación. Por todo esto, es importante saber cuál es la causa del problema y saber tomar las medidas oportunas para que no se origine nuevamente.

Para detectar el origen del problema, siempre se necesita una información determinada, ésta sólo se puede obtener mediante técnicas que ayuden a obtenerlas, es decir, que permitan recabar y analizar los datos obtenidos.

Para el seguimiento del proceso de enseñanza-aprendizaje, se pueden confeccionar diferentes tipos de instrumentos de evaluación, como pueden ser los cuestionarios y utilizar la observación directa, etc., si el tipo de formación lo permite (presencial o semipresencial). Estos instrumentos variarán según el tipo de datos que se quiera conseguir.

Un ejemplo de plantilla para recoger y analizar la información podría ser esta:

CURSO:		1º Módulo	2º Módulo	3º Módulo
Objetivos del módulo	Suficiente			
	Insuficiente			
	Adecuado			
	Inadecuado			
Contenidos del módulo	Suficiente			
	Insuficiente			
	Adecuado			
	Inadecuado			

Continúa en página siguiente >>

<< Viene de página anterior

CURSO:		1º Módulo	2º Módulo	3º Módulo
Metodología	Suficiente			
	Insuficiente			
	Adecuado			
	Inadecuado			
Actividades y recursos	Suficiente			
	Insuficiente			
	Adecuado			
	Inadecuado			
Recursos materiales	Suficiente			
	Insuficiente			
	Adecuado			
	Inadecuado			
Recursos humanos	Suficiente			
	Insuficiente			
	Adecuado			
	Inadecuado			
Proceso de evaluación	Suficiente			
	Insuficiente			
	Adecuado			
	Inadecuado			
Nivel de satisfacción del alumnado	Suficiente			
	Insuficiente			
	Adecuado			
	Inadecuado			

Para el seguimiento del aprendizaje, como la información que se obtiene es de diferente índole, se recogerá mediante la aplicación de las técnicas seleccionadas y elaboradas para la evaluación de cada uno de los aspectos planteados (observación directa de los trabajos, participación, cuestionarios acerca de la motivación y satisfacción del alumnado, etc.).

<< Viene de página anterior

Por ejemplo, los contenidos que se podrían incluir en la "parrilla" de análisis son los siguientes:

CURSO	1er Módulo	2º Módulo	3er Módulo
Conceptos (comprende los contenidos conceptuales)	Con facilidad		
	Con normalidad		
	Con dificultad		
Procedimientos (aplica y desarrolla los contenidos procedimentales)	Con facilidad		
	Con normalidad		
	Con dificultad		
Actitudes (manifiesta las actitudes adecuadas a los contenidos)	Con facilidad		
	Con normalidad		
	Con dificultad		
Motivación y participación	Con facilidad		
	Con normalidad		
	Con dificultad		
Satisfacción del alumno	Con facilidad		
	Con normalidad		
	Con dificultad		

Dos de las herramientas básicas son:

- ⮂ **Los diagramas de flujo:** éstos sirven para desglosar en forma de componentes, para presentar una clara imagen de lo que ocurre.
- ⮂ **Los checklists:** éstos son especialmente útiles para garantizar que se han realizado todas las acciones necesarias. Es otro método de ayuda orientado a los formadores y participantes para preparar, utilizar y solucionar los problemas del equipamiento.

Otros métodos de seguimiento y control que pueden ayudar en la formación son:

- Las reuniones formales e informales.
- Pasar un informe de las sesiones, cuestionarios de satisfacción o formularios de evaluación del curso.
- Entrevistas de evaluación.

 **RECUERDE**

Algunos de los instrumentos de seguimiento más utilizados son:

- Cuestionario de satisfacción
- Cuestionario de motivación
- Observación directa
- Reuniones formales e informales
- Entrevistas de evaluación

11. Metodología de la evaluación del diseño de formación

Los métodos empleados en la evaluación siempre suelen son los mismos, independientemente de que se evalúen los objetivos, los contenidos, los recursos, etc. A pesar de esto, hay que tener en cuenta que no se deben utilizar todos los métodos que se van a nombrar, sino que todo dependerá de lo que se esté evaluando.

Los métodos más frecuentes son:

- Observación sistemática.
- Observación mediante observadores externos o internos del grupo.

- Análisis de trabajo.
- Entrevistas personales.
- Situaciones de simulaciones.
- Diálogos, debates.
- Cuestionarios específicos.
- Inventarios.
- Grabaciones en vídeo.
- Etc.

11.1. Evaluación de los objetivos

Cuando se diseña el programa formativo, se deben concretar los objetivos que serán objeto de evaluación al finalizar el curso, para comprobar si éstos se han alcanzado o no.

Los objetivos marcan aquellos aspectos claves que debe adquirir el alumno para alcanzar unas competencias determinadas. Éstos determinarán lo que el alumno será capaz de saber y saber hacer al acabar el curso, en unas condiciones dadas y con unos medios determinados.

Si, al finalizar el curso, se observa que los objetivos no se han cumplido en su totalidad, hay que analizar cuál ha sido la causa de este error y corregirlos. Si se han cumplido los objetivos, habrá que determinar los motivos de éxito, para volver a ponerlos en práctica en futuros cursos.

Los objetivos marcados al inicio de la formación sirven para:

- Dirigir la formación, es decir, saber hacia dónde se quiere llegar con ésta.
- Comprobar qué se ha logrado.
- Facilitar la evaluación, ya que se sabe cuáles son los objetivos que hay que evaluar.
- Reorientar la formación en el mismo momento que se está realizando.
- Elegir los métodos más adecuados para la formación.

La evaluación de los objetivos debe medirse atendiendo a:

- **Objetivos generales:** son utilizados para saber cuáles son las competencias generales.
- **Objetivos específicos:** parten de los objetivos generales.
- **Objetivos operativos:** son derivados de los específicos. Son objetivos más concretos y siempre deben estar relacionados con actividades u operaciones determinadas. Son los más fáciles de medir.

 **EJEMPLO**

Objetivos específicos para evaluar un curso de primeros auxilios:

- Aprender los conceptos básicos y generales de los primeros auxilios.
- Adquirir las habilidades y aplicar los principios de actuación para poder reaccionar adecuadamente en situaciones de urgencia.
- Conocer los aspectos jurídicos relacionados.

11.2. Evaluación de los contenidos

La evaluación de los contenidos se realizará para comprobar si los objetivos que se habían marcado al principio de la formación se han logrado, así como para eliminar aquellos contenidos que no aportan nada al curso.

Se debe tener siempre en cuenta que se puede lograr un mismo objetivo de formación utilizando diversos contenidos.

Para evaluar los contenidos, hay que comprobar si se ha seguido una secuencia lógica a la hora de impartirlos. Esta secuencia permite que los contenidos sean adquiridos por los alumnos de una manera más significativa, es decir, facilita el aprendizaje de los mismos.

Para que la evaluación de los contenidos resulte positiva, éstos deben ir expuestos:

- De acuerdo con los objetivos propuestos y con los plazos previstos para conseguirlos.
- De lo conocido a lo desconocido.
- De lo inmediato a lo remoto.
- De lo concreto a lo abstracto.
- De lo fácil a lo difícil.

Otro aspecto a tener en cuenta para que la evaluación de los contenidos sea positiva, es que éstos se deben estructurar adecuadamente, por ejemplo, mediante módulos, unidades didácticas, etc. Éstas tienen que abarcar los conocimientos, las habilidades y las actitudes que capacitan al alumno para poner en práctica las funciones que desempeñará en su puesto de trabajo. Por lo general, se pueden constituir equivalencias entre objetivos generales y cursos, objetivos específicos y módulos, unidades didácticas, etc. así como entre objetivos operativos y sesión formativa,.

 EJEMPLO

Siguiendo el ejemplo anterior de primeros auxilios, los contenidos que se evaluarán para comprobar si se han logrado o no los objetivos anteriormente propuestos, son:

- Primeros auxilios: conceptos generales.
- Soporte vital básico (reanimación cardio-pulmonar)-adultos.
- Soporte vital básico-niños.
- Soporte vital instrumental.
- Traumatismos osteoarticulares. Inmovilizaciones (vendajes y férulas improvisadas).
- Movilización de urgencia y posiciones de espera.
- Traumatismos craneales y vertebro-medulares.
- Otras situaciones de emergencia.

11.3. Evaluación de la metodología

La evaluación de la metodología consiste en comprobar que los métodos que se han utilizado son los adecuados para lograr los objetivos formativos, aunque éstos deben ser flexibles a la hora de utilizarlos, ya que deben adaptarse a la materia tratada, a los alumnos, a los recursos disponibles, etc.

Para conseguir que la evaluación de la metodología sea positiva, se deben tener en cuenta las características que se emplean para definir un método. Éstas pueden ser:

- Presentar y mostrar la problemática del tema para que, a través de la reflexión y el esfuerzo, el alumno pueda resolverla.
- Respetar tanto la libertad de expresión como de creación.
- Las actividades que están destinadas al alumno tienen que ser dirigidas por el formador para que el alumno reflexione y participe.
- Motivar al alumno, relacionando los temas con sus intereses, motivaciones y necesidades.
- Organizar los nuevos aprendizajes para que se integren con los ya adquiridos.
- Tener en cuenta las limitaciones y las posibilidades que tiene cada alumno.
- Dar lugar a la acción individualizada a través de tareas que requieran planteamientos y acciones individualizadas.

11.4. Evaluación de actividades y recursos

Las **actividades** son unos elementos que acompañan a los contenidos formativos, ya que éstas refuerzan los contenidos que son expuestos por el formador. Siempre debe existir coordinación entre ambos, para esto se deben seleccionar adecuadamente tanto los métodos como las técnicas.

Para evaluar las diversas actividades que se han desarrollado, hay que formular una serie de preguntas para saber si las actividades han sido eficaces o han fallado en su ejecución. Algunas de estas preguntas pueden ser:

- ¿Qué ha hecho el alumno?
- ¿Ha sabido aplicar los conocimientos necesarios para lograr resolver las actividades?
- ¿Valora y comprende la finalidad de la actividad?
- ¿Ha mostrado interés en la realización de la misma?
- ¿Qué ha aprendido?
- ¿Han sido válidas las actividades?
- ¿Cuáles han fallado? ¿Por qué?
- ¿Se han alcanzado los objetivos?
- Etc.

Junto con las actividades, los recursos también tienen que ser evaluados, ya que de ellos va a depender en cierta manera la eficacia de las actividades. Por eso, en la evaluación de los recursos hay que tener en cuenta la eficacia de aquellos que se han utilizado y cuáles son los que se hubieran necesitado para desarrollar el curso.

Se pueden distinguir varios criterios para evaluar la eficacia de los recursos:

- Su calidad, porque actúa como mediador entre la realidad y la estructura cognitiva del alumno.
- El contexto metodológico, ya que todo va a depender de la metodología usada por el formador.
- Los propios alumnos, sus motivaciones, intereses, etc.
- La experiencia del formador en el manejo de los diversos recursos, sus habilidades, etc.

También es necesario tener en cuenta qué evaluar de los recursos:

- La rentabilidad de éstos.
- El aprovechamiento para distintas finalidades.
- El mantenimiento.
- La actualización, deben adaptarse a las nuevas tecnologías.
- La adecuación al proceso de enseñanza-aprendizaje.
- Posibilitar la acción, estimular y responder a las curiosidades presentes en el alumnado.

11.5. Evaluación del formador

La figura del formador es muy importante a lo largo de todo el proceso formativo, ya que, en cierta manera, el éxito o el fracaso de la formación recae sobre él, por lo tanto, es imprescindible conocer previamente a la persona que va a impartir un curso.

El formador es el mediador entre los contenidos y los alumnos, por lo que debe evaluarse de forma continua y a lo largo de todo el proceso de enseñanza-aprendizaje, así como al final del proceso, momento en que se comprobará si los métodos y estrategias que ha diseñado y utilizado han sido los adecuados, introduciendo posibles modificaciones para las prácticas futuras.

La evaluación del formador se puede realizar desde varias vertientes, en cada una de ellas se evalúan aspectos diferentes, pero todas persiguen el mismo fin, que es fomentar la calidad de la formación.

Evaluación realizada por los alumnos

Los alumnos pueden evaluar aspectos como la relación del formador con los alumnos, la organización de las sesiones, el control de clase, la efectividad de la enseñanza, etc.

En la siguiente tabla se muestra un cuestionario a modo de ejemplo:

Marque la opción que más se adecúe a las características que prevalecieron a lo largo del curso

---

1. Las oportunidades que tuve para realizar preguntas en clase fueron:
   a. Frecuentes
   b. Regulares
   c. Escasas
   d. Muy escasas

Continúa en página siguiente >>

<< Viene de página anterior

Marque la opción que más se adecúe a las características que prevalecieron a lo largo del curso

2. El interés que mostró el formador respecto a los alumnos fue:
   a. Satisfactorio
   b. Regular
   c. Poco
   d. Muy pobre

3. El clima existente en el aula fue:
   a. Bueno
   b. Regular
   c. Tenso
   d. Malo

4. En la prueba final se evaluaban los contenidos dados a lo largo del curso:
   a. Sí
   b. No

5. El material presentado en el curso fue:
   a. Original
   b. Poco original
   c. Nada original

6. Las actividades que realicé para asimilar los contenidos fueron:
   a. Útiles
   b. Regulares
   c. Pobres
   d. Inútiles

7. El contenido marcado para el curso se expuso en su totalidad:
   a. Sí
   b. No

8. El grupo de alumnos afectó a mi aprendizaje:
   a. De manera positiva
   b. De manera negativa
   c. No me afectó

9. El material audiovisual me pareció:
   a. Atractivo
   b. Regular
   c. Inadecuado

Continúa en página siguiente >>

<< Viene de página anterior

Marque la opción que más se adecúe a las características que prevalecieron a lo largo del curso

10. Los procesos, problemas y soluciones experimentados en el trabajo en
grupo fueron:
    a. Bien planteados
    b. Regular planteados
    c. Mal planteados

11. Las exposiciones por parte del docente me parecieron:
    a. Buenas
    b. Regulares
    c. Malas

12. La actuación del profesor durante el curso evidenció:
    a. Un elevado conocimiento de la materia
    b. Un mediano conocimiento
    c. Un escaso conocimiento

13. El profesor supo controlar las conductas perturbadoras
sucedidas a lo largo del curso de forma:
    a. Eficaz
    b. Regular
    c. Ineficaz

14. El ritmo que siguió el profesor al exponer los contenidos me pareció:
    a. Muy bueno
    b. Satisfactorio
    c. Monótono

15. La secuencia de presentación de los contenidos del curso fue:
    a. Lógica
    b. Regular
    c. Arbitraria

16. La actuación del profesor despertó interés y motivación:
    a. Muchas veces
    b. Algunas veces
    c. Pocas veces
    d. Ninguna vez

Evaluación realizada por el propio formador

En esta evaluación, el formador va a evaluar la preparación del curso, el desarrollo del mismo, y también realizará una evaluación propia de su actuación como formador.

En la siguiente tabla se muestra un cuestionario a modo de ejemplo:

Marque la opción que más se adecúe a las características que prevalecieron a lo largo del curso

A. PREPARACIÓN DEL CURSO

1. ¿Cómo ha sido el tiempo con el que ha contado?
   a. Suficiente
   b. Insuficiente

   ¿Por qué? _____

2. ¿Cómo considera la distribución de las sesiones del curso?
   a. Adecuadas
   b. Inadecuadas

   ¿Por qué? _____

3. ¿Ha dispuesto de las guías didácticas del curso?
   a. Sí
   b. No

   ¿Por qué? _____

4. ¿Ha dispuesto de los recursos necesarios para la preparación de sus sesiones?
   a. Sí
   b. No

   ¿Cuáles le han hecho falta? _____

5. Teniendo en cuenta su nivel de formación, ¿ha necesitado apoyo por parte de la dirección del curso?
   a. Sí
   b. No

   ¿Cómo ha sido el apoyo? _____

Continúa en página siguiente >>

<< Viene de página anterior

**Marque la opción que más se adecúe a las características
que prevalecieron a lo largo del curso**

B. DESARROLLO DEL CURSO

6. ¿El desarrollo de las sesiones (distribución y tiempo) se ha correspondido con la planificación prevista?
   - a. Sí
   - b. No

7. ¿La metodología utilizada para el desarrollo de las sesiones ha propiciado la participación e implicación del alumnado?
   - a. Sí
   - b. No

   ¿Por qué? _____

8. ¿Considera que el clima del curso ha sido el adecuado?
   - a. Sí
   - b. No

   ¿Por qué? _____

9. ¿El contexto donde se ha desarrollado el curso ha sido adecuado y oportuno?
   - a. Sí
   - b. No

   ¿Por qué? _____

10. ¿Ha conseguido los objetivos propuestos?
    - a. Sí
    - b. No

    ¿Por qué? _____

C. AUTOEVALUACIÓN

11. Evalúe de 1 a 4 los siguientes apartados relacionados con su intervención como formador, donde:
    1. Considero imprescindible mejorar mi formación en este aspecto.
    2. Considero necesario mejorar mi formación en este aspecto.
    3. Cuento con recursos necesarios para el desarrollo ajustado del curso, pero podría encontrar dificultades si éste cambia el rumbo prefijado.
    4. Mi formación al respecto es adecuada y dispongo de recursos suficientes para el desarrollo óptimo del curso.

Continúa en página siguiente >>

<< *Viene de página anterior*

Marque la opción que más se adecúe a las características que prevalecieron a lo largo del curso

	1	2	3	4
Dominio de los contenidos				
Metodología/didáctica empleada				
Comunicación con el alumnado				
Trabajo en equipo				

D. AMPLIACIÓN

Puede anotar a continuación cualquier aportación que desee realizar y no haya sido considerada en este cuestionario.

_____

_____

_____

11.6. Tipos de evaluación

Existen diferentes tipos de evaluación, cada una se aplicará atendiendo a diferentes criterios.

Según su finalidad o función de la evaluación

Diagnóstica

Esta evaluación, como su nombre indica, tiene un carácter diagnóstico, ya que permite que se conozcan las potencialidades del alumno. De esta manera, la actividad didáctica se dirige de forma más efectiva.

Formativa

Se utiliza como estrategia para mejorar y ajustar los procesos formativos en el momento que se están llevando a cabo, para alcanzar las metas y los objetivos marcados. La evaluación formativa es aplicable a la evaluación de procesos.

Sumativa

Se aplica a la evaluación de productos terminados, es decir, se sitúa concretamente cuando finaliza un proceso, cuando éste se considera acabado. Su propósito es determinar el grado en que se han conseguido los objetivos establecidos, para evaluar de forma positiva o negativa el resultado. Esta evaluación permite tomar medidas tanto a medio como a largo plazo.

Según el momento de aplicación de la evaluación

Inicial

Se produce al principio del proceso de enseñanza-aprendizaje. La función que tiene la evaluación inicial es identificar el nivel de conocimientos que tienen los alumnos que inician un curso y, de esta manera, comprobar si los alumnos cuentan con los conocimientos necesarios para comenzarlo, y determinar si es posible impartirlo de acuerdo al programa formativo o si se requiere alguna modificación.

Procesual

La evaluación procesual se basa en valorar, de forma continua, el aprendizaje de los alumnos y la enseñanza del profesor, a través de la recogida sistemática de datos, toma de decisiones, etc.

La evaluación procesual es totalmente formativa, ya que, al favorecer la recogida continua de datos, permite tomar decisiones en el mismo momento que se considere necesario.

Los resultados que se obtienen forman la base permanente para el formador a la hora de programar las actividades diarias, así como para establecer las actividades y los procedimientos más apropiados. De esta manera, se evitan las dificultades que se puedan producir en los aprendizajes que se están llevando a cabo. La finalidad de todo esto es evitar errores y vacíos en los aprendizajes posteriores.

Final

La evaluación final es aquella que se realiza al finalizar la formación, por lo tanto ésta recoge y valora los resultados obtenidos a lo largo de un periodo formativo.

Según su extensión

Global

Tiene en cuenta todos los elementos y procesos que guardan relación con todo lo que es objeto de evaluación. Por ejemplo, si se trata de evaluar el proceso de aprendizaje de los alumnos, esta evaluación se centra en todas las áreas en general, pero sobre todo en los diversos tipos de contenidos de enseñanza (conceptos, procedimientos, valores, normas, etc.).

Parcial

Esta evaluación no se realiza de manera global, sino que se lleva a cabo por partes, es decir, evalúa los componentes que más interesan.

Según los agentes que realizan la evaluación

Autoevaluación o evaluación interna

Es el proceso sistemático mediante el cual una persona o grupo examina y valora sus procedimientos, comportamientos y resultados, para identificar qué quiere corregir o modificar en él. La evaluación interna muestra que los alumnos están más motivados a la hora de realizar una tarea difícil. La puesta en práctica de la autoevaluación no conlleva que el profesorado abandone sus funciones, sino que implica una concepción diferente de la enseñanza.

La autoevaluación ofrece al estudiante ayuda para descubrir sus necesidades, cantidad y calidad de su aprendizaje, causas de sus problemas, dificultades y éxitos en el estudio. De esta manera, el alumno puede conocerse de manera más concreta.

Heteroevaluación o evaluación externa

La evaluación externa es realizada o llevada a cabo por otra persona que no es el protagonista del aprendizaje. En esta evaluación, lo más frecuente es que el profesor evalúe al alumno.

TIPOS DE EVALUACIÓN	
Según su finalidad o función	- Diagnóstica - Formativa - Sumativa
Según su momento de aplicación	- Inicial - Procesual - Final
Según su extensión	- Global - Parcial
Según los agentes que la realizan	- Autoevaluación o evaluación interna - Heteroevaluación o evaluación externa

Solucionarios de ejercicios de repaso y autoevaluación

Contenido

Contratación laboral

 **Solucionario Capítulo 1**

1. **Relacione las siguientes definiciones con los diferentes tipos de ley:**

   a. Leyes que regulan las materias relacionadas con los derechos fundamentales y las libertades públicas.
   b. Toda ley aprobada por las Cortes Generales que no tenga carácter de orgánica.
   c. Aquellos que dicta el Gobierno solo en casos de urgente y extraordinaria necesidad.

   b. Ley ordinaria.
   a. Ley orgánica.
   c. Decreto-ley.

2. **Complete la siguiente oración:**

   Los reglamentos están formados por el conjunto de normas generales dictadas por el **Gobierno,** siempre que no se trate de normas con rango de **ley.**

3. **Indique quién dicta los siguientes reglamentos:**

   a. Real decreto: **Consejo de Ministros.**
   b. Orden ministerial de la comisión delegada: **Comisión delegada.**
   c. Orden ministerial: **Ministro.**

4. **Relacione las siguientes definiciones con el concepto al que hacen referencia:**

   a. Los convenios colectivos no pueden establecer peores condiciones laborales que las fijadas por ley.
   b. La ley otorga soberanía a los convenios colectivos, de modo que pueden regular una materia que trate de puntos específicos que no estén regulados por ley.
   c. La ley viene configurada como dispositiva para los convenios colectivos.

   c. Dispositividad
   b. Supletoriedad
   a. Suplementariedad

5. **En relación al ámbito laboral, indique cuáles son los tres grandes bloques de la Constitución en los que se refleja el contenido del derecho al trabajo.**

Los tres grandes bloques de la Constitución que contienen el derecho al trabajo son los siguientes:

- Derechos fundamentales.
- Derechos y libertades de los ciudadanos, que no están considerados como fundamentales.
- Principios rectores de la política económica y social.

6. **Indique cuál de las siguientes opciones NO se corresponde con una finalidad de los colegios profesionales:**

   a. La ordenación del ejercicio de las profesiones.
   b. **La representación institucional exclusiva de las profesiones cuando estén sujetas a colegiación voluntaria.**
   c. La defensa de los intereses profesionales de los colegiados.
   d. La protección de los intereses de los consumidores y usuarios de los servicios de sus colegiados.

7. **Complete la siguiente oración:**

Se reconoce la libertad de **empresa** en el marco de la economía de mercado. Los **poderes públicos** garantizan y protegen su ejercicio y la defensa de la **productividad,** de acuerdo con las exigencias de la economía general y, en su caso, de la planificación.

8. **Relacione las siguientes definiciones con los niveles de protección de la seguridad social:**

   a. Protege a aquellos que no han tenido vínculo profesional.
   b. Protege a aquellos que están incluidos en el campo de aplicación de la Seguridad Social.
   c. Protección libre y voluntaria.

   a. No contributivo
   b. Contributivo
   c. Complementario

9. Rellene el siguiente gráfico con la cantidad de miembros que deben tener los comités de empresa dependiendo de su número de trabajadores:

De 50 a 100 trabajadores:	Cinco
De 101 a 250 trabajadores:	Nueve
De 251 a 500 trabajadores:	Trece
De 501 a 750 trabajadores:	Diecisiete
De 751 a 1.000 trabajadores:	Veintiuno
De 1.000 en adelante:	Dos por cada mil o fracción con un máximo de setenta y cinco

10. Indique cuál es el contenido mínimo que deben contener los estatutos de los sindicatos.

Los estatutos deberán contener, como mínimo, los siguientes aspectos:

I Denominación de la organización.
I Domicilio, ámbito territorial y ámbito funcional de actuación del sindicato.
I Órganos de representación, gobierno y administración del sindicato; su funcionamiento y el régimen de provisión de sus cargos.
I Requisitos y procedimientos establecidos para adquirir o perder la condición de afiliado.
I Régimen de modificación de los estatutos.
I Régimen de fusión y disolución del sindicato.
I Régimen económico de la organización y medios de información a los afiliados sobre la situación económica del sindicato.

Solucionario Capítulo 2

1. **Complete el siguiente esquema mencionando los tres grandes grupos de organismos laborales:**

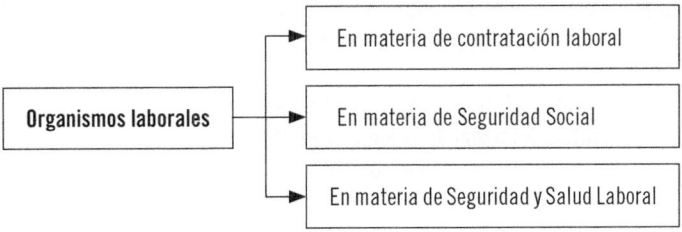

2. **El Servicio Público de Empleo Estatal es un organismo laboral en materia...**

   a. **... de contratación laboral.**
   b. ... de Seguridad Social.
   c. ... de Seguridad Laboral.
   d. ... de Seguridad y Salud Laboral.

3. **Complete la siguiente oración:**

   El Servicio Público de Empleo Estatal o **SEPE** es un organismo autónomo que está adscrito al Ministerio de Trabajo y **Economía Social,** y forma, junto con los distintos servicios públicos de empleo de las Comunidades Autónomas, el **Sistema Nacional de Empleo.**

4. **Comente la triple relación que se establece entre la ETT, la empresa y el trabajador.**

   Las empresas de trabajo temporal o ETT tienen como actividad principal poner trabajadores contratados por ellas a disposición de otra empresa, siempre con carácter temporal. Son intermediarios entre empresas y trabajadores. Cuando una empresa necesita cubrir de forma temporal un puesto de trabajo puede recurrir a una ETT y establecer una relación mercantil a través de un contrato.

   El nuevo empleado prestará sus servicios a la empresa que ofrecía el puesto de trabajo, pero estará contratado por la ETT, estableciéndose una triple relación:

▮ La relación entre la ETT y el trabajador, ya que este es contratado por la ETT.

▮ La relación entre la ETT y la empresa usuaria, que establecen a través de un contrato mercantil.

▮ La relación entre el trabajador y la empresa usuaria, ya que este prestará sus servicios en ella bajo su dirección y autoridad.

5. **La entidad gestora de la Seguridad Social que se encarga de gestionar y administrar las prestaciones económicas se denomina:**

   a. Instituto de Mayores y Servicios Sociales.
   b. **Instituto Nacional de la Seguridad Social.**
   c. Instituto Nacional de Gestión Sanitaria.
   d. Instituto Nacional de Seguridad Sanitaria.

6. **Comente las funciones más importantes de la Tesorería General de la Seguridad Social.**

Son funciones de la Tesorería General de la Seguridad Social las siguientes:

▮ Inscripción de empresas.

▮ Afiliación, altas y bajas de los trabajadores.

▮ Gestión y control de la cotización y recaudación de las cuotas y recursos del Sistema de la Seguridad Social.

▮ Aplazamiento o fraccionamiento de las cuotas de la Seguridad Social.

▮ Titularidad, gestión y administración de los bienes y derechos que forman el patrimonio único de la Seguridad Social.

▮ Organización de los medios y diseño y gestión de los procesos necesarios para el ingreso de las cuotas y recursos financieros del Sistema de la Seguridad Social.

▮ La ordenación del pago de las obligaciones de la Seguridad Social y su distribución en el tiempo y en el territorio de las disponibilidades dinerarias para satisfacer dichas obligaciones.

▮ Realizar las operaciones de crédito y anticipos de tesorería que sean necesarias.

▮ Elaborar el presupuesto monetario.

▮ Gestionar la función aseguradora de los accidentes de trabajo.

▮ Constituir, gestionar y aplicar un fondo de estabilización financiero único para el Sistema de la Seguridad Social.

7. Complete la siguiente oración:

El **alta** del trabajador se solicita para comunicar a la Seguridad Social que el empleado está desempeñando su trabajo en la empresa, de forma **activa.** Así, se comunica que el trabajador está prestando sus servicios en la empresa desde una fecha determinada y que, en consecuencia, a partir de ese momento nacen una serie de **deberes** para el empresario y el trabajador con la **Seguridad Social.**

8. ¿Cuál es el plazo que tiene un empresario para remitir una copia del contrato una vez firmado al SEPE para su registro?

    a. 5 días naturales.
    b. 35 días naturales.
    c. 10 días naturales.
    d. 20 días naturales.

9. Relacione las siguientes definiciones con las distintas modalidades de contratos:

    a. Aquellos contratos en los que se establece la fecha de inicio de la relación laboral, pero no se determina fecha de finalización de la misma.
    b. Contratos que tienen por finalidad formar profesionalmente al trabajador en un ámbito determinado.
    c. Contratos que establecen una relación laboral con un plazo determinado, bien por una fecha determinada, bien por la finalización del cometido del contrato.

    c. Contratos temporales.
    b. Contratos formativos.
    a. Contratos indefinidos.

10. Complete la siguiente tabla, indicando el impreso de solicitud a presentar y el plazo de presentación de los modelos a la Seguridad Social.

Comunicación	Impreso de solicitud	Plazo de presentación
Afiliación	**TA.1**	**Con carácter previo al inicio de la prestación de servicios**
Alta	**TA.2/S**	**Con carácter previo al inicio de la relación laboral, hasta 60 días naturales antes**
Baja	**TA.2/S-simplificado**	**3 días naturales**
Variación de datos	**TA.2/S**	**3 días naturales**

 Solucionario Capítulo 3

1. **Complete el siguiente esquema mencionando los tres tipos de modificaciones que pueden darse en las condiciones estipuladas en el contrato de trabajo:**

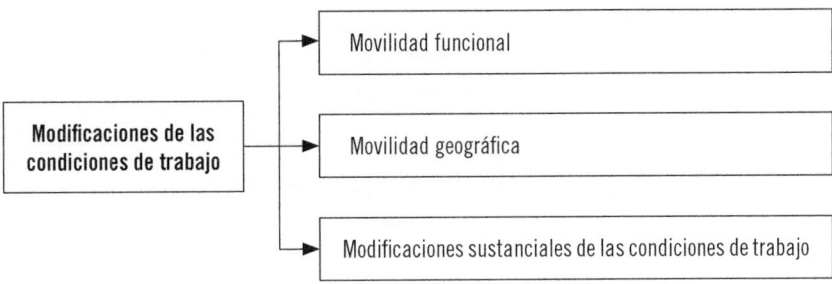

2. **Complete la siguiente oración:**

La movilidad **funcional** en la empresa se efectuará de acuerdo a las titulaciones académicas o profesionales precisas para ejercer la prestación **laboral** y con respeto a la dignidad del **trabajador.**

3. **Indique cuáles de los siguientes preceptos se corresponde con un tipo de traslado:**

   a. Traslado individual.
   b. Traslado voluntario.
   c. Traslado colectivo de trabajadores.
   d. **Todas las opciones son correctas.**

4. **Complete el siguiente esquema con los distintos motivos para la movilidad geográfica de los trabajadores:**

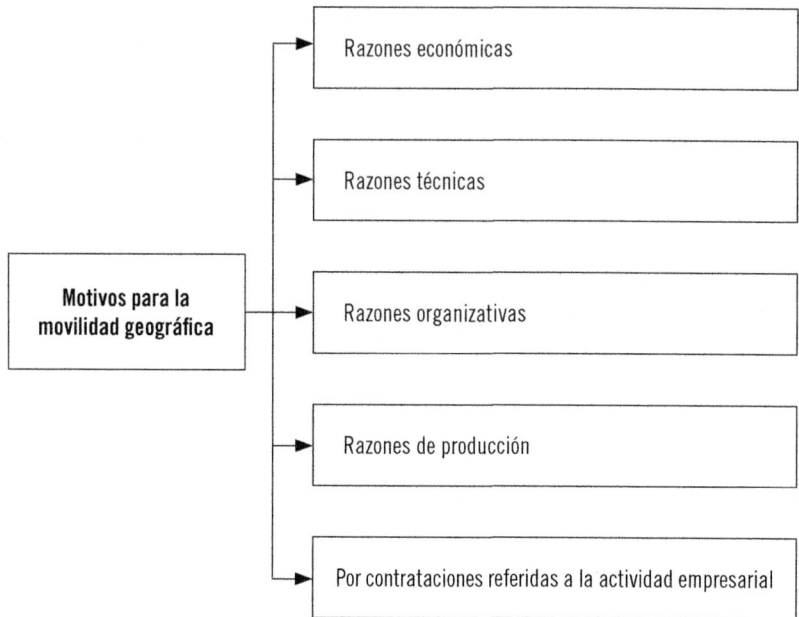

5. **Complete la siguiente oración:**

El traslado **individual** se produce cuando solo se lleva a cabo el desplazamiento con cambio de **residencia** a un trabajador. Para ello, el empresario debe notificar dicho traslado, como mínimo, **treinta** días antes de la fecha efectiva del **traslado;** lo notificará al trabajador y a sus representantes legales.

6. **Indique qué acciones puede llevar a cabo un trabajador que ha recibido una notificación sobre la modificación sustancial de sus condiciones de trabajo.**

Ante la notificación de modificaciones sustanciales de las condiciones de trabajo, el trabajador podrá optar por:

- Aceptar la decisión de la empresa.
- Extinguir la relación laboral, antes de la fecha efectiva de las modificaciones, siempre que dichos cambios sean perjudiciales para el trabajador y, siempre que afecten a los siguientes aspectos:

- Jornada de trabajo.
- Horario y distribución del tiempo de trabajo.
- Régimen de trabajo a turnos.
- Sistema de remuneración y cuantía salarial.
- Funciones, en el caso de exceso de los límites establecidos para la movilidad funcional.

- Recurrir ante el Juzgado de lo Social dicha decisión, cuando el trabajador esté disconforme.
- Rescindir su contrato de trabajo.

7. **Indique cuáles de las siguientes opciones hacen referencia a una causa de suspensión del contrato de trabajo:**

   a. **Cierre legal de la empresa.**
   b. Despido disciplinario.
   c. **Nacimiento de menor.**

8. **Complete la siguiente oración:**

   La incapacidad **temporal** es aquella situación del trabajador en la que se encuentra impedido para desempeñar su trabajo de forma temporal. Durante este periodo, el trabajador recibe asistencia sanitaria por parte de la **Seguridad Social.**

9. **Complete el siguiente gráfico mencionando los distintos tipos de excedencias:**

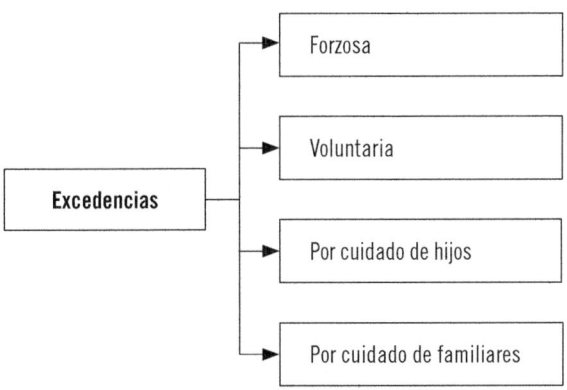

10. Complete la siguiente tabla indicando la indemnización que corresponde según la causa de extinción del contrato de trabajo:

Causa de la extinción	Indemnización por año de servicio
Causas objetivas improcedentes	- **Hasta el 11-02-12, 45 días de salario, con un máximo de 42 mensualidades** - **A partir del 12-02-12, 33 días de salario con un máximo de 24 mensualidades**
Despido disciplinario	**No procede**
Muerte del empresario	**Un mes de salario**
Dimisión del trabajador	**No procede**
Expiración del tiempo convenido	**12 días de salario**

Solucionario Capítulo 4

1. Complete el siguiente esquema con la información que puede incluirse en el expediente del trabajador:

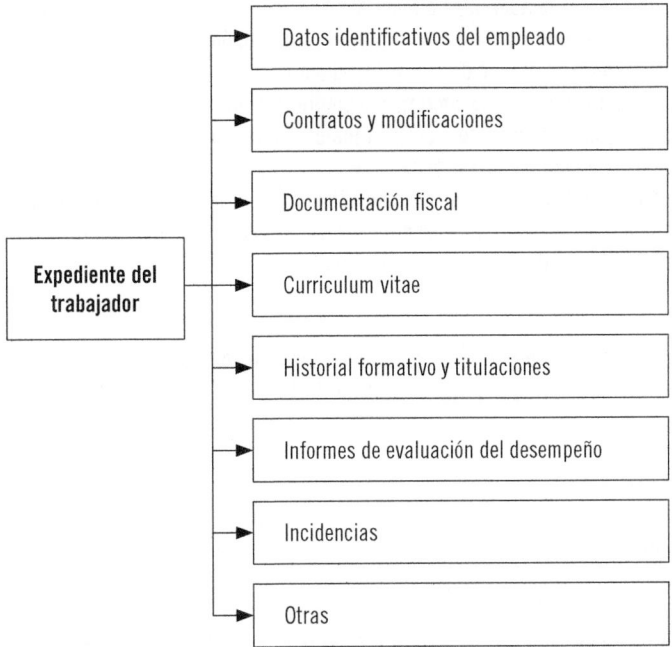

	Datos identificativos del empleado
	Contratos y modificaciones
	Documentación fiscal
Expediente del trabajador	Curriculum vitae
	Historial formativo y titulaciones
	Informes de evaluación del desempeño
	Incidencias
	Otras

2. Complete la siguiente oración:

El empresario está obligado a solicitar el alta y la **baja** de un trabajador y a comunicar las variaciones de datos identificativos y **laborales** de todos sus empleados, cumplimentando el modelo oficial **TA.7.** No obstante, si hay mutuo acuerdo, el trabajador puede asumir esta obligación, siempre que su actividad laboral no supere las **60** h mensuales por empleador.

3. **Ponga ejemplos de variación de datos sobre la situación familiar del trabajador que debe comunicar el trabajador a la empresa a efectos de IRPF.**

Algunos ejemplos de variación de datos relativos a la situación familiar del trabajador son los siguientes:

I Cuando se produce el nacimiento, acogimiento o adopción de hijos.
I Cuando el trabajador pase a tener a cargo ascendentes.
I Cuando se produzca algún cambio en la situación de discapacidad del trabajador o de alguno de sus descendientes.
I Cuando previamente se informa a la empresa de que el cónyuge no percibe unos ingresos de más de 1.500 € anuales y, finalmente, a lo largo del año fiscal se supera dicho límite.
I Cuando algún descendiente menor de 25 años que convivía con el trabajador pasa a obtener unos ingresos superiores a 8.000 € en el año fiscal.
I Cuando se pierde la custodia de un hijo.

4. **Indique cuál es el modelo que debe cumplimentar el trabajador para comunicar la variación de su situación familiar a efectos de IRPF.**

    a. Modelo 140.
    b. **Modelo 145.**
    c. Modelo 245.
    d. Modelo 110.

5. **¿Cuáles son las formas adecuadas para informar a los empleados de la normativa interna relacionada con el control de presencia?**

I Emisión de circulares.
I Comunicación electrónica.
I Inclusión en el contrato laboral de dichas normas.

6. **Complete la siguiente oración:**

El empresario podrá adoptar las medidas que estime más oportunas de **vigilancia** y control para verificar el cumplimiento por el trabajador de sus **obligaciones** y deberes laborales, guardando en su adopción y aplicación la consideración debida a su **dignidad** humana y teniendo en cuenta la capacidad real de los trabajadores **disminuidos**, en su caso.

7. **Ponga ejemplos de aspectos relacionados con la presencia del trabajador en las instalaciones que pueden ser regulados a través de normativa interna.**

Son ejemplos los siguientes:

- Jornada laboral.
- Flexibilidad horaria.
- Sistemas de recuperación de tiempos de ausencia del trabajador.
- Sistemas establecidos para el control de presencia y ausencia del trabajador.
- Sanciones que pueden derivarse del incumplimiento de la normativa por parte del trabajador.

8. **¿Cuáles de los siguientes datos personales se pueden incluir en el expediente de un trabajador?**

   a. **DNI.**
   b. **Número de afiliación a la Seguridad Social.**
   c. Número de socio de la Cruz Roja.
   d. Todas las opciones son correctas.

9. **Indique cuáles aspectos sobre contratos y modificaciones se incluyen en el expediente del trabajador.**

- Fecha de inicio de prestación de servicios por parte del trabajador a la empresa.
- Periodos de excedencias del trabajador.
- Salario que percibe el trabajador.

10. Complete la siguiente tabla con los ítems generales que pueden valorarse en un informe de evaluación de desempeño del trabajador:

Aspectos relacionados con la organización personal
Datos sobre la emotividad del trabajador
Componente social del trabajador
Adaptación a las reglas internas
Competencias formativas
Habilidades y destrezas del trabajador

Solucionario 2

Cálculo de prestaciones de la Seguridad Social

Solucionario Capítulo 1

1. **Complete la siguiente oración:**

   Los poderes públicos mantendrán un régimen **público** de Seguridad Social para todos los ciudadanos que garanticen la asistencia y prestaciones sociales suficientes ante situaciones de necesidad, especialmente en caso de **desempleo**. La asistencia y prestaciones **complementarias** serán libres.

2. **Indique cuáles de los siguientes organismos o entes son los encargados de garantizar un sistema público de pensiones justo, solidario y equilibrado en un futuro:**

   a. **El poder público.**
   b. El poder privado.
   c. Los agentes sociales.
   d. **Los interlocutores sociales.**

3. **Complete el siguiente gráfico con los ámbitos que están incluidos en la acción protectora del sistema de la Seguridad Social:**

   ┌───┐
   │ **Acción protectora del Sistema de Seguridad Social** │
   └───┘

   > Asistencia sanitaria

   > Servicios sociales

   > Incapacidad temporal

   > Riesgo durante el embarazo

   > Cuidado de menores afectados por cáncer o enfermedad grave

   > Corresponsabilidad en el cuidado del lactante

Jubilación
Incapacidad permanente
Muerte y supervivencia
Lesiones permanentes no invalidantes
Seguro escolar
Protección familiar
Desempleo
Complemento para la reducción de la brecha de género
Seguro Obligatorio de Vejez e Invalidez (SOVI)

4. **Complete la siguiente oración:**

Son titulares de la asistencia **sanitaria** facilitada por el sistema de la **Seguridad Social** los trabajadores que formen parte del Régimen **General,** bien afiliados y en alta o bien en situación **asimilada** a la de alta.

5. **Indique cuáles de las siguientes prestaciones están comprendidas en la acción protectora de la Seguridad Social:**

   a. La asistencia sanitaria en los casos de enfermedad común o profesional y de accidente, sea o no de trabajo.
   b. La recuperación profesional, cuya procedencia se aprecie en los casos de enfermedad común o profesional y de accidente, sea o no de trabajo.
   c. Las prestaciones familiares de la Seguridad Social, en sus modalidades contributiva y no contributiva.
   d. **Todas las opciones son correctas.**

6. Complete la siguiente oración:

Para tener derecho a la asistencia sanitaria, el asegurado, en el momento de la solicitud de **afiliación** y alta o de la solicitud de pensión u otra **prestación** periódica de la Seguridad Social, puede formalizar un documento de reconocimiento de asistencia sanitaria para sus **beneficiarios.**

7. ¿Qué es el IPREM?

El IPREM hace referencia al Indicador Público de Rentas de Efectos Múltiples. Se utiliza como referencia para determinar la cuantía de determinadas prestaciones o para acceder a algunas prestaciones, beneficios o servicios sociales.

8. Complete la siguiente oración:

El **salario mínimo interprofesional** o SMI establece el importe **mínimo** que debe percibir todo trabajador realizando una jornada laboral de trabajo, sin distinguir sexo o edad de los trabajadores e independientemente del tipo de **contrato** por el que desempeñen su trabajo.

9. Mencione seis situaciones en las que un individuo tiene derecho a una prestación económica del sistema de la Seguridad Social.

En relación a las prestaciones económicas, se contemplan las siguientes situaciones en las que se tiene derecho a este tipo de prestación:

- Incapacidad temporal.
- Nacimiento y cuidado de menor.
- Riesgo durante el embarazo.
- Riesgo durante la lactancia natural.
- Cuidado de menores afectados por cáncer u otra enfermedad grave.
- Incapacidad permanente contributiva e invalidez no contributiva.
- Jubilación, en sus modalidades contributiva y no contributiva.
- Desempleo, en sus niveles contributivo y asistencial.
- Protección por cese de actividad.
- Pensión de viudedad.
- Prestación temporal de viudedad.
- Pensión de orfandad.
- Prestación de orfandad.

❚ Pensión en favor de familiares.
❚ Subsidio en favor de familiares.
❚ Auxilio por defunción.
❚ Indemnización en caso de muerte por accidente de trabajo o enfermedad profesional.
❚ Ingreso mínimo vital.
❚ Situaciones en las que se otorguen en las contingencias y situaciones especiales que reglamentariamente se determinen por real decreto, a propuesta del titular del ministerio competente.

10. Complete la siguiente oración:

Las prestaciones económicas por incapacidad **permanente** se crearon para cubrir situaciones en las que el trabajador, después de haber estado sometido al **tratamiento** prescrito, presenta reducciones anatómicas o funcionales graves, susceptibles de determinación objetiva y previsiblemente definitivas, que disminuyen o **anulan** su capacidad laboral.

Solucionario Capítulo 2

1. **Complete la siguiente oración:**

   El sistema de la **Seguridad Social** ejerce su acción protectora a través de una serie de prestaciones y servicios dirigidos a sus **beneficiarios,** a los ciudadanos y a aquellas personas que se encuentren en situación de **necesidad.**

2. **¿Cuál es el Real Decreto Legislativo por el que se aprueba el Texto Refundido de la Ley General de la Seguridad Social?**

   a. El Real Decreto Legislativo 9/2015.
   b. El Real Decreto Legislativo 8/2015.
   c. El Real Decreto Legislativo 8/2013.
   d. El Real Decreto Legislativo 2/2015.

3. **El sistema de la Seguridad Social viene integrado por dos regímenes distintos:**

   a. Régimen General y Régimen Espacial.
   b. Régimen Genérico y regímenes especiales.
   c. Régimen General y regímenes especiales.
   d. Todas las opciones son correctas.

4. **Complete la siguiente oración:**

   El régimen **General** es el que tiene mayor relevancia dentro del sistema de la **Seguridad Social,** hasta tal punto que la Ley General de la Seguridad Social dedica el **título II** a tratar todas las peculiaridades y especificaciones de este régimen.

5. **Los trabajadores que prestan voluntariamente sus servicios retribuidos dentro del ámbito de la organización y dirección de otra persona física o jurídica, denominada empleador o empresario, se denominan:**

   a. Trabajadores por cuenta propia.
   b. Trabajadores por cuenta interna.
   c. Trabajadores por cuenta autónoma.
   d. Trabajadores por cuenta ajena.

6. Indique cuáles de los siguientes colectivos están excluidos del Régimen General de la Seguridad Social:

    a. Los trabajos realizados de forma ocasional como, por ejemplo, los servicios amistosos, benévolos o de buena vecindad.

    b. Los trabajos que conllevan la inclusión a algún régimen especial de la Seguridad Social.

    c. Los trabajos realizados por profesores universitarios eméritos, así como por el personal licenciado sanitario emérito.

    d. Los trabajos por cuenta ajena.

7. Complete el siguiente esquema mencionando las situaciones protegidas que cubre el Sistema Nacional de Salud cuando ejerce la acción protectora de la Seguridad Social:

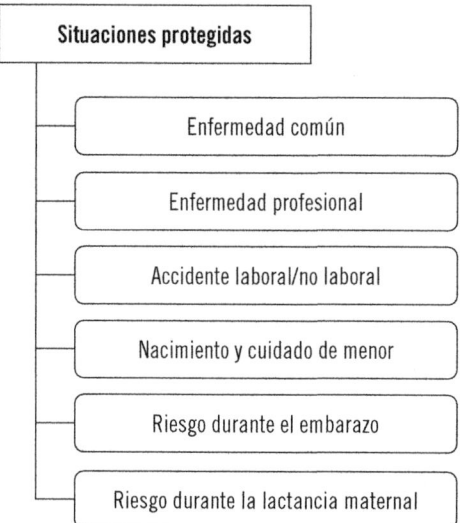

8. Complete la siguiente oración:

El contenido de las prestaciones a las que tienen derecho los **titulares** o **beneficiarios** de la asistencia sanitaria está recogido en el **catálogo** de prestaciones del Sistema Nacional de Salud que está regulado por el artículo **7** de la **Ley 16/2003**, de 28 de mayo, de Cohesión y Calidad del Sistema Nacional de Salud.

9. **Indique cuáles de los servicios asistenciales forman parte de la cartera común básica:**

   a. **Actividades de prevención.**
   b. Prestaciones ortoprotésicas.
   c. Prestaciones farmacéuticas.
   d. **Transporte sanitario urgente.**

10. **¿Qué es la Tarjeta Sanitaria Europea? ¿Para qué sirve?**

   Cuando un ciudadano español va a desplazarse por Europa, debe solicitar la Tarjeta Sanitaria Europea (TSE) para que siga teniendo derecho a asistencia sanitaria.

   Esta tarjeta es un documento personal e intransferible que acredita que su titular tiene derecho a recibir las prestaciones sanitarias necesarias durante una estancia temporal dentro del Espacio Económico Europeo, Reino Unido o Suiza. Eso sí, deberá tenerse en cuenta la naturaleza de la prestación requerida y la duración de la estancia prevista, atendiendo al país de estancia.

   Además, se dispone del derecho a asistencia que otorga la TSE independientemente de si la estancia se realiza por turismo, por el desarrollo de una actividad profesional o por estudios.

Solucionario Capítulo 3

1. **Complete el siguiente esquema indicando los distintos tipos de prestaciones:**

2. **Complete la siguiente oración:**

   Las prestaciones por **incapacidad** temporal tienen como finalidad cubrir la falta de ingresos que se genera cuando el trabajador se encuentra **imposibilitado** para trabajar y necesita asistencia sanitaria de la **Seguridad Social.**

3. **Indique cuáles de los siguientes preceptos son características comunes de las prestaciones:**

   a. Son privadas.
   b. Son transmisibles e irrenunciables.
   c. **Tienen garantías frente a terceros ya que no pueden utilizarse como objeto de descuento o compensación.**
   d. **Son de cobro preferente.**

4. ¿Cuáles son motivos por los que se extingue el derecho a percibir una prestación por incapacidad temporal?

    a. Haber transcurrido el plazo mínimo.
    b. Alta médica del trabajador.
    c. El trabajador ha pasado a ser pensionista.
    d. Baja médica del trabajador.

5. **Complete la siguiente oración:**

La prestación durante el **embarazo** tiene como finalidad cubrir la pérdida de ingresos que se origina cuando se **suspende** el contrato de una trabajadora por producirse un **riesgo** durante el embarazo.

6. **Indique los motivos por los que se extingue el derecho a percibir el subsidio por riesgo durante el embarazo.**

El derecho a percibir el subsidio por riesgo durante el embarazo se extinguirá por los siguientes motivos:

▌ Suspensión del contrato de trabajo por nacimiento y cuidado de menor.
▌ Reincorporación de la trabajadora a su puesto de trabajo anterior o a otro compatible con su estado.
▌ Extinción del contrato de trabajo por causas legalmente establecidas.
▌ Interrupción del embarazo.
▌ Fallecimiento de la beneficiaria.

7. **Complete el siguiente gráfico indicando cuáles son las pensiones que forman parte del Seguro Obligatorio de Vejez e Invalidez o SOVI:**

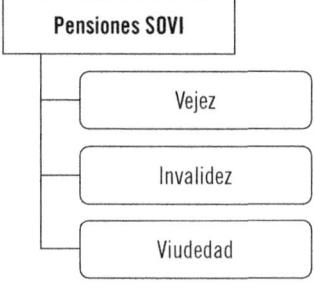

8. **Complete la siguiente oración:**

Para percibir una pensión SOVI por vejez, se deben haber cumplido los **65** años de edad o 60 en casos de vejez por causa de incapacidad (incapacidad que debe ser **permanente** y total para la profesión habitual y no derivada de accidente de trabajo o de enfermedad **profesional**).

9. **La pensión de carácter vitalicio que se concede a aquellos que hayan tenido vínculo matrimonial o fuesen pareja de hecho con el fallecido y reúnan los requisitos exigidos se denomina:**

    a. Pensión por jubilación.
    b. Pensión de orfandad.
    c. **Pensión de viudedad.**
    d. Auxilio por defunción.

10. **Indique quiénes pueden solicitar la ayuda de auxilio por defunción (siempre que hayan satisfecho los gastos de sepelio).**

Podrán solicitar la ayuda de auxilio por defunción aquellos que hayan pagado los gastos del sepelio que, salvo prueba que acredite lo contrario, serán los siguientes:

- Cónyuge.
- Sobreviviente de una pareja de hecho.
- Hijos del fallecido que hayan convivido con este de forma habitual.
- Familiares que hayan convivido con el fallecido de forma habitual.

Solucionario 3

Retribuciones salariales, cotización y recaudación

Solucionario Capítulo 1

1. ¿Cuál de los siguientes requisitos debe darse para que exista una relación laboral?

a. Debe obligarse al trabajador a realizar sus tareas.
b. El trabajo debe realizarse por cuenta propia.
c. Es una relación independiente para el trabajador.
d. Es una relación retribuida, es decir, el trabajador recibe un salario por su trabajo.

2. ¿Qué situaciones remunera el salario?

El salario sirve para remunerar las siguientes situaciones:

▌ El trabajo efectivo, es decir, las tareas realizadas durante la jornada fijada en el contrato o en el convenio colectivo.
▌ Los períodos de descanso computables como de trabajo, los cuales son:

  ▪ El descanso semanal y días festivos.
  ▪ Las vacaciones anuales.
  ▪ El descanso, no inferior a 15 min, en jornada que excede de 6 h diarias, si así está establecido mediante acuerdo (contrato o convenio colectivo).
  ▪ Las ausencias justificadas al trabajo con derecho a retribución (permisos retribuidos).
  ▪ Las interrupciones del trabajo que sean imputables al empresario por falta de trabajo, o tiempo de tramitación en despidos declarados nulos improcedentes.

3. Determine si las siguientes afirmaciones son verdaderas o falsas.

a. Salario en especie consiste en pagar al trabajador mediante dinero en la moneda de curso legal.

  ☐ Verdadero
  ☒ **Falso**

b. Para fijar el SMI se tiene en cuenta el índice de precios de consumo.

    ☑ **Verdadero**
    ☐ Falso

c. El SMI puede embargarse siempre que el trabajador tenga contraída una deuda.

    ☐ Verdadero
    ☑ **Falso**

d. Las cuantías de todas las prestaciones, ayudas y subvenciones, en ámbitos distintos del sociolaboral, serán calculadas teniendo en cuenta el IPREM.

    ☑ **Verdadero**
    ☐ Falso

4. **Antonio percibe un salario base de 1.500 € al mes y un plus de actividad de 300 €. Se le retiene, en concepto de IRPF, una cantidad de 350 €, y le descuentan 120 € en concepto de cuotas a la Seguridad Social. ¿Cuál sería su salario líquido?**

La obtención del salario líquido de Antonio se calcula de la siguiente forma:

    ❚ Salario bruto = 1.500 + 300 = 1.800 €.
    ❚ Deducciones = 120 + 350 = 470 €.
    ❚ Salario líquido = 1.800 − 470 = 1.330 €/mes.

5. **Rebeca tiene contraída una deuda y recibe una orden de embargo de su salario para poder pagarla. Su remuneración neta mensual es de 2.200 €, vive sola y no tiene cargas familiares. ¿Qué cuantía de su salario será inembargable?**

El sueldo de Rebeca supera el SMI (1.080 €), pero no supera dos veces el SMI (2.160 €). Además, no tiene cargas familiares. Para calcular el salario inembargable, hay que tener en cuenta:

    ❚ Los primeros 1.080 € (SMI) son inembargables.
    ❚ Del importe que excede del SMI (2.200 - 1.080) hay que aplicar los tramos de la norma para conocer la cuantía embargable:

- 1er tramo: desde 1.080 a 2.160 € se aplica el 30 %; 1.080 x 30 % = 324 €.
- 2° tramo: desde 2.160 hasta el importe total del salario se aplica el 50 %; 2.200 - 2.160 = 40 €; 40 x 50 % = 20 €.

Total a embargar = 324 + 20 = 344 €
Total inembargable = 1.856 €.

6. **¿Cuál es el período máximo de tiempo de salario pendiente de pago garantizado por el FOGASA?**

    a. 90 días
    b. Un mes
    c. 120 días
    d. Un año

7. **Determine si las siguientes afirmaciones son verdaderas o falsas.**

    a. Los complementos por turnos, nocturnidad, penosidad, peligrosidad o toxicidad son percepciones extrasalariales.

        ☐ Verdadero
        ☑ **Falso**

    b. El salario en especie forma parte de los complementos no salariales.

        ☐ Verdadero
        ☑ **Falso**

    c. El plus de distancia y transporte urbano se considera un suplido por gastos realizados.

        ☑ **Verdadero**
        ☐ Falso

    d. Tienen la consideración de salario las indemnizaciones por traslados, suspensiones, despidos y ceses.

        ☐ Verdadero
        ☑ **Falso**

8. **Laura tiene un salario base de 1.300 €, cobra un complemento de antigüedad de 100 € y un plus de asistencia de 300 €. Le corresponden dos pagas extraordinarias, cada una de ellas de un importe formado por el salario base más la antigüedad. Determine el prorrateo mensual de las pagas extraordinarias que le corresponderían a Laura.**

Como la paga extraordinaria está formada por el salario base más el complemento de antigüedad, se debe determinar que: 1300 + 100 = 1.400 €.

Obtenida esa cuantía, se puede calcular el prorrateo de la paga extra de la siguiente forma:

1.400 x 2 = 2.800 / 12 meses = 233,33 €.

9. **Rafael cobra un sueldo mensual de 1.380 € y solicita un anticipo de su sueldo el día 20. Si en la empresa el anticipo está limitado al 90 %, ¿qué importe máximo podrá recibir?**

Si Rafael cobra un sueldo mensual de 1.380 € y solicita un anticipo el día 20, le correspondería como máximo el 90 % de dos tercios de la nómina mensual, es decir, le corresponderá un anticipo de:

(1.380 x 2/3) x 90 % = 828 €.

10. **¿Cuáles son las partes que configuran un recibo de salarios?**

El recibo de salarios se estructura en tres partes, las cuales son:

1. Encabezamiento o cabecera, donde se indican los datos del empresario y del trabajador, así como el período de liquidación de la nómina.
2. Cuerpo o parte central, donde se recogen de forma detallada los devengos y las deducciones, necesarias, sobre las que se obtiene el salario líquido total a percibir. Además, se recoge la firma y sello de la empresa y del trabajador.
3. Parte final o informativa de deducciones, donde se recogen las bases de cotización a la Seguridad Social y concepto de recaudación conjunta, así como la base sujeta a retención del IRPF y la aportación del empresario.

Solucionario Capítulo 2

1. **¿Qué es la cotización?**

Se entiende por cotización la acción por la que los sujetos obligados aportan recursos económicos al sistema de la Seguridad Social en virtud de su inclusión en dicho sistema, por el ejercicio de una actividad laboral.

La cotización a la Seguridad Social se integra por las cuotas que se satisfacen por los empresarios y por los trabajadores, y aparece como el principal recurso para la financiación del sistema de Seguridad Social español.

2. **Determine si las siguientes afirmaciones son verdaderas o falsas.**

a. La cotización por contingencias comunes busca dar cobertura a los accidentes de trabajo y enfermedades profesionales, siempre que se produzcan con ocasión o por consecuencia del trabajo que se ejecute por cuenta ajena.

☐ Verdadero
☑ **Falso**

b. La cotización por contingencias profesionales corre a cargo tanto de los trabajadores como del empresario.

☐ Verdadero
☑ **Falso**

c. Está obligado a cotizar por FOGASA solo el empresario.

☑ **Verdadero**
☐ Falso

3. **¿En cuál de las siguientes situaciones no persiste la obligación de cotizar?**

a. En situación de incapacidad temporal.
b. Durante el descanso por nacimiento y cuidado de menor.
c. **En situación de huelga.**
d. Durante el período de prueba.

4. ¿Cuántos grupos de cotización existen?

    a. 9
    b. 7
    c. 8
    d. 11

5. Señale la afirmación correcta en relación a la base de cotización por contingencias profesionales.

    a. Nunca puede ser igual que la base por contingencias comunes.
    b. Es igual que la base por contingencias comunes más las horas extraordinarias.
    c. Siempre coincide con la base por contingencias comunes.
    d. Todas las opciones son incorrectas.

6. Enumere los conceptos que no se computan en la base de cotización.

En el artículo 147 de la Ley General de la Seguridad Social se encuentran aquellos conceptos que no se computarán en la base de cotización, los cuales son:

- Las asignaciones para gastos de locomoción del trabajador que se desplace fuera de su centro habitual de trabajo para realizar el mismo en lugar distinto, cuando utilice medios de transporte público, siempre que el importe de dichos gastos se justifique mediante factura o documento equivalente.
- Las asignaciones para gastos de locomoción del trabajador que se desplace fuera de su centro habitual de trabajo para realizar el mismo en lugar distinto, no comprendidos en el apartado anterior, así como para gastos normales de manutención y estancia generados en municipio distinto del lugar del trabajo habitual del perceptor y del que constituya su residencia, en la cuantía y con el alcance previstos en la normativa estatal reguladora del Impuesto sobre la Renta de las Personas Físicas (IRPF).
- Las indemnizaciones por fallecimiento y las correspondientes a traslados, suspensiones y despidos.
- Las prestaciones de la Seguridad Social.
- Las horas extraordinarias, salvo para la cotización por accidentes de trabajo y enfermedades profesionales de la Seguridad Social.

7. ¿Qué son los boletines de cotización?

Los boletines de cotización son los documentos a través de los cuales el empresario, como sujeto responsable de la obligación de cotizar, ingresa sus aportaciones y las de sus trabajadores, que previamente ha descontado del recibo de salarios.

8. ¿Qué significan las siglas RLC?

  a. Relación Nominal de Trabajadores
  b. Recibo de Liquidación de Cotizaciones
  c. Relación de Liquidación Cotizable
  d. Recibo de Liquidación Contable

9. ¿Cómo se dividen las cotizaciones por accidentes de trabajo y enfermedades profesionales?

  a. Desempleo y formación profesional
  b. IT e IMS
  c. FOGASA y formación profesional
  d. FOGASA y desempleo

10. Determine si las siguientes afirmaciones son verdaderas o falsas.

  a. RED Internet es una modalidad del sistema RED obligatoria para empresas que tengan hasta 10 trabajadores.

    ☐ Verdadero
    ☑ **Falso**

  b. Para poder utilizar la modalidad de RED Internet, las empresas deben tener un programa de nóminas adaptado al sistema RED.

    ☑ **Verdadero**
    ☐ Falso

c. El sistema RED Directo permite cumplimentar y presentar el documento de Relación Nominal de Trabajadores y obtener el Recibo de Liquidación de Cotizaciones.

☑ **Verdadero**
☐ Falso

Solucionario Capítulo 3

1. **¿Cuáles de los siguientes rendimientos componen la renta del contribuyente?**

    a. Los rendimientos del trabajo.
    b. Los rendimientos del capital.
    c. Los rendimientos de las actividades económicas.
    d. Todas las opciones son correctas.

2. **Determine si las siguientes rentas son no sujetas o exentas.**

    a. La renta que se encuentre sujeta al impuesto sobre sucesiones y donaciones.
    b. El pago de la deuda tributaria con bienes del Patrimonio Histórico Español.
    c. Las indemnizaciones por despido o cese del trabajador.
    d. Las donaciones realizadas a entidades sin fines lucrativos.
    e. Las becas públicas.
    f. Las prestaciones y ayudas familiares.

    c. e. f. Rentas exentas.
    a. b. d. Rentas no sujetas.

3. **¿Quiénes están obligados a retener el IRPF?**

    Están obligados a retener o ingresar en cuenta el IRPF los siguientes sujetos o entidades:

    ▌ Las personas jurídicas y demás entidades, incluidas las comunidades de propietarios y las entidades en régimen de atribución de rentas.
    ▌ Los contribuyentes que ejerzan actividades económicas, cuando satisfagan rentas en el ejercicio de sus actividades.
    ▌ Las personas físicas, jurídicas y demás entidades no residentes en territorio español, que operen en él mediante establecimiento permanente.
    ▌ Las personas físicas, jurídicas y demás entidades no residentes en territorio español, que operen en él sin mediación de establecimiento permanente, en cuanto a los rendimientos del trabajo que satisfagan, así como respecto de otros rendimientos sometidos a retención o ingreso a cuenta que constituyan gasto deducible para la obtención de las rentas a que se refiere el artículo 24.2 del texto refundido de la Ley del Impuesto sobre la Renta de no Residentes.

4. Complete el siguiente texto.

Las **retenciones** se practicarán sobre los rendimientos íntegros del **trabajo**, entendiendo por tales todas las **retribuciones**, tanto en dinero como en **especie**, siempre que retribuyan el trabajo personal o sean consecuencia de una relación **laboral**.

5. Determine si las siguientes afirmaciones son verdaderas o falsas.

a. El modelo 111 es el modelo anual por el que las empresas y autónomos declaran e ingresan las retenciones que han practicado durante el trimestre a trabajadores, a profesionales o a empresarios.

☐ Verdadero
☑ **Falso**

b. El modelo 190 es un resumen anual de la información del modelo 111.

☑ **Verdadero**
☐ Falso

c. Las empresas deben enviar a la Agencia Tributaria el certificado de retenciones, donde se resumen las retenciones practicadas durante el año anterior y que se han ido ingresando con carácter trimestral al Tesoro Público.

☐ Verdadero
☑ **Falso**

6. ¿Cuál de los siguientes se considera imputaciones de rentas?

a. Rendimientos del trabajo personal.
b. Rendimientos del capital inmobiliario.
c. **Rentas inmobiliarias.**
d. Rendimientos de actividades económicas.

7. Complete el siguiente texto.

El **mínimo** personal y familiar será el resultado de **sumar** el mínimo del contribuyente y los mínimos por **descendientes,** ascendientes y discapacidad, incrementados o **disminuidos** a efectos de cálculo del gravamen **autonómico** en los importes que hayan sido aprobados por la **comunidad** autónoma.

8. ¿Qué son los rendimientos íntegros del trabajo?

Se considerarán rendimientos íntegros del trabajo todas las contraprestaciones o utilidades, cualquiera que sea su denominación o naturaleza, dinerarias o en especie, que deriven, directa o indirectamente, del trabajo personal o de la relación laboral o estatutaria y no tengan el carácter de rendimientos de actividades económicas.

9. ¿Cómo se calcula el tipo de retención por IRPF?

a. El tipo de retención será el resultado de multiplicar por 100 el cociente obtenido de dividir la cuota de retención por la cuantía total de las retribuciones menos el importe de la paga extra.

b. **El tipo de retención será el resultado de multiplicar por 100 el cociente obtenido de dividir la cuota de retención por la cuantía total de las retribuciones, que se expresará con dos decimales.**

c. El tipo de retención será el resultado de multiplicar por 100 el cociente obtenido de dividir la base liquidable por la cuantía total de las retribuciones, que se expresará con dos decimales.

d. El tipo de retención será el resultado de multiplicar por 100 el cociente obtenido de dividir la renta del ahorro por la cuantía total de las retribuciones, que se expresará con dos decimales.

10. ¿En qué plazos se debe presentar el certificado de retenciones al trabajador?

a. En los 10 primeros días de cada mes.

b. Cuando se le envía la nómina de cada mes.

c. **No existe un plazo establecido; no obstante, el empresario debe entregarlo al trabajador antes de la apertura del plazo de la declaración anual del IRPF.**

d. Todas las opciones son incorrectas.

Aplicaciones informáticas de administración de Recursos Humanos

Solucionario Capítulo 1

1. **Busque diferentes dispositivos periféricos en esta sopa de letras:**

P	I	M	P	R	E	S	O	R	A
A	C	O	H	A	R	D	A	E	L
N	L	N	A	T	X	H	T	S	T
M	I	C	R	O	F	O	N	O	A
O	R	A	T	N	L	R	A	A	V
N	A	M	O	D	E	M	R	N	O
I	C	A	M	A	R	P	O	E	Z
T	A	R	E	S	I	M	E	R	A
O	R	A	E	S	C	A	N	E	R
M	O	N	I	T	O	R	T	O	N

2. **Relacione los siguientes elementos:**

    a. Sociedad de la información y el conocimiento.
    b. Gerencia informática de la Seguridad Social.
    c. Sistemas Integrados de Gestión.

    c. Facilitan la gestión de todos los recursos de las empresas, incluidos los RR. HH.
    a. Implantación de las tecnologías en la creación, distribución y manipulación de la información.
    b. Analiza y desarrolla aplicaciones para la gestión automatizada en materia de prestaciones, afiliación, recaudación, contabilidad y gestión de personal.

3. Relacione los siguientes elementos:

a. Criterio técnico.
b. Criterio organizativo.
c. Criterio económico.

a. Aspectos relacionados con el campo de la tecnología.
c. Precio que el licenciatario tiene que pagar.
b. Organización de la empresa y del *software*.

4. ¿En qué consiste la alfabetización digital?

En dotar a la población de las competencias digitales necesarias para mejorar su calidad de vida, empleabilidad

5. ¿A qué se corresponden las siglas SEDESS?

A la Sede Electrónica de la Secretaría de Estado de la Seguridad Social.

6. ¿Qué entidad permite a los sujetos responsables de cotizar la posibilidad de intercambiar información y documentos a través de internet?

La Tesorería General de la Seguridad Social.

7. Indique si las siguientes afirmaciones son verdaderas o falsas:

a. El único sistema informático que puede tener instalado el ordenador es el paquete *Microsoft Office.*

☐ Verdadero
☑ **Falso**

b. Los Sistemas Integrados de Gestión aparecieron en la década de los ochenta.

☐ Verdadero
☑ **Falso**

8. **Complete la siguiente oración:**

   Las empresas tienen necesidades de seguridad informática, **así como de soporte técnico en relación con el** *software*.

9. **Indique dos de los programas más utilizados en la administración de recursos humanos.**

   NominaPlus Flex y *NOMINASOL.*

10. **Señale dos funcionalidades de la tecla [Esc].**

    Cancelar y **salir de la pantalla.**

Solucionario Capítulo 2

1. **Busque en la siguiente sopa de letras diferentes tipos de tablas generales que aparecen tanto en el programa *NOMINASOL* como en *NominaPlus Flex*:**

C	A	L	E	N	D	A	R	I	O
M	U	N	I	C	I	P	I	O	L
N	L	N	A	T	S	H	T	S	T
M	I	C	R	O	T	O	N	O	A
O	R	A	T	N	R	R	A	A	V
N	A	M	O	D	I	M	R	N	O
I	C	A	M	A	T	P	O	E	Z
T	A	R	E	S	O	M	E	R	A
O	P	A	I	S	E	S	N	E	R
B	A	N	C	O	O	R	T	O	N

2. **¿Dónde puede obtener información sobre el calendario laboral oficial para poder crearlo en la aplicación informática de recursos humanos que utilice?**

   En la página web de la Seguridad Social se puede obtener información tanto del calendario laboral del municipio como del de la comunidad autónoma.

3. **¿Dónde puede encontrar información sobre las bases, tipos y grupos de cotización para saber si en el aplicativo informático de recursos humanos están actualizados?**

   La información sobre las bases, tipos y grupos de cotización se encuentra publicada tanto en la web de la Seguridad Social como en el Boletín Oficial del Estado.

4. **Si desea contrastar la información que recoge el programa informático sobre las retenciones por rendimientos del trabajo, ¿a dónde acudiría?**

Para obtener información sobre las retenciones por rendimientos de trabajo se acude tanto a la web de la Agencia Tributaria como al Boletín Oficial del Estado.

5. **Indique si las siguientes afirmaciones son verdaderas o falsas:**

   a. Los programas *NOMINASOL* y *NominaPlus* recogen las mismas tablas generales.

   ☐ Verdadero
   ☑ **Falso**

   b. El programa *NOMINAPLUS* tiene un apartado que se denomina "Tablas auxiliares".

   ☐ Verdadero
   ☑ **Falso**

6. **Complete la siguiente oración:**

   La tabla calendario recoge información sobre **el calendario laboral oficial** e información sobre **el calendario laboral del trabajador.**

7. **Relacione los siguientes elementos:**

   a. Grupo de cotización.
   b. Bases de cotización.
   c. Tipos de cotización.

   b. Información sobre las bases mínimas y máximas para contingencias comunes en función del Grupo de Cotización y los topes para las contingencias profesionales.
   a. Categoría o grupo profesional que le corresponde al trabajador de acuerdo con la actividad o puesto de trabajo que desempeña, atendiendo tanto a los criterios establecidos en el convenio colectivo de aplicación de la empresa.
   c. Porcentaje que se aplica sobre la base de cotización, para determinar la cuota líquida que debe ser ingresada a la Seguridad Social.

8. **Complete la siguiente oración:**

Las tablas de retenciones del IRPF recogen **la información** y **los datos** necesarios para **determinar el importe** que la empresa está **obligada a retener** a los trabajadores e **ingresar** a la Agencia Tributaria.

9. **¿Por qué es importe tener actualizada la tabla del calendario laboral oficial?**

Porque permite calcular el pago en concepto de festivo trabajado a la hora de generar la nómina.

10. **Relacione los siguientes elementos:**

   a. Web de la Agencia Tributaria.
   b. Web de la Seguridad Social.
   c. *NominaPlus Flex.*
   d. *NOMINASOL.*

   b. Información sobre las mutuas colaboradoras con la Seguridad Social.
   a. Información sobre centros directivos del Ministerio de Hacienda.
   d. Entorno → Seguridad Social → Mutuas de AT y EP.
   c. Tablas generales → Tablas SS. SS. / Retenciones → Cotización AT/EP → Entidades de accidentes.

Solucionario Capítulo 3

1. Busque en esta sopa de letras diferentes materias relacionadas con los convenios colectivos:

S	A	L	A	R	I	O	J	A	S
A	N	E	R	U	T	I	E	N	A
L	T	A	N	I	E	R	S	T	L
A	N	T	I	G	U	E	D	A	D
D	M	I	N	U	S	S	E	G	E
O	E	N	O	M	I	N	O	T	U
N	O	M	I	N	A	S	E	R	M
I	S	E	A	R	C	E	T	I	A
T	R	I	B	U	T	O	S	B	S
I	A	M	E	S	Q	R	A	U	O

2. ¿Dónde puede obtener información sobre la letra del NIF estipulada normativamente para cada tipo de forma jurídica existente?

En la web de la Agencia Tributaria y en la normativa que regula el número de identificación fiscal.

3. ¿Cómo define la Guía Laboral del Ministerio de Trabajo y Economía Social al convenio colectivo?

Es el acuerdo suscrito por los representantes de los trabajadores y empresarios para fijar las condiciones de trabajo y productividad, con sujeción a lo previsto en el Título III del Estatuto de los Trabajadores. Igualmente podrán regular la paz laboral a través de las obligaciones que se pacten.

4. Si puede modificar la información de la empresa a través del asistente de configuración, ¿con qué programa está trabajando?

Con el programa *NominaPlus Flex*.

5. Indique si son verdaderas o falsas las siguientes afirmaciones:

a. Los programas *NOMINASOL* y *NominaPlus* no permiten modificar los datos relativos a la empresa una vez creada esta.

☐ Verdadero
☑ **Falso**

b. Los programas *NOMINASOL* y *NominaPlus* tienen las mismas rutas para introducir la información.

☐ Verdadero
☑ **Falso**

6. Complete la siguiente oración:

En los convenios colectivos el ámbito de aplicación de los mismos **es el que las partes acuerden,** es decir, el que los representantes de **los trabajadores y empresarios decidan** y está **recogido en dicho convenio.**

7. Relacione los siguientes elementos:

a. CRA
b. RCA

a. Conceptos retributivos abonados por las empresas a los trabajadores.
b. Archivo enviado por la Seguridad Social a los usuarios del Sistema Red confirmando la recepción de archivos de conceptos retributivos abonados.

8. **Complete la siguiente oración:**

La importancia de los convenios colectivos radica en que **regulan los derechos y obligaciones concernientes** a la relación laboral y, por tanto, influyen en la **elaboración de nóminas, cotizaciones a la Seguridad Social** y **tributaciones a la Seguridad Social.**

9. **¿A qué hace referencia el término de categorías profesionales?**

A la categoría que el trabajador ocupa en función de su puesto de trabajo y que está recogida en el convenio.

10. **Complete la siguiente la siguiente oración:**

El número de identificación fiscal lo asigna la **Agencia Tributaria** desde la presentación del **modelo 036 y el resto de documentación que sea necesaria.**

Solucionario Capítulo 4

1. ¿Qué tipo de archivo es el ITA?

Es el informe de trabajadores afiliados a una cuenta de cotización y está constituido por la relación de trabajadores adscritos a un CCC (código cuenta cotización) en el momento de emisión.

2. ¿Cómo define el Estatuto de los Trabajadores a los conceptos salariales específicos?

Como complementos salariales fijados en función de las circunstancias relativas a las condiciones personales del trabajador, al trabajo realizado o a la situación de resultados de la empresa.

3. ¿De qué herramientas se valdría para consultar sobre retenciones a aplicar a los rendimientos de trabajo?

Utilizarás el Reglamento del Impuesto sobre la Renta de las Personas Físicas, así como la aplicación existente en la web de la Agencia Tributaria para calcular el importe a retener.

4. Indique algunos de los aspectos que pueden mejorar el contrato individual en relación con la negociación colectiva.

Entre los aspectos que el contrato individual puede mejorar en relación con la negociación colectiva se encuentra el salario, el importe de las horas extraordinarias, la promoción económica y el periodo de vacaciones anuales retribuidas.

5. Si tuviese que buscar información sobre los conceptos retributivos de los códigos CRA, ¿dónde acudiría?

A la web de la Seguridad Social.

6. ¿Cuál es el modelo para efectuar las retenciones e ingresos a cuenta del IRPF?

El modelo 111.

7. Complete la siguiente frase:

El modelo por el que los trabajadores comunican a las empresas su situación familiar y personal es el **modelo 145**.

8. Indique si las siguientes afirmaciones son verdaderas o falsas:

    a. Tanto *NOMINASOL* como *NominaPlus* no permiten modificar los datos relativos al contrato.

         ☐ Verdadero
         ☑ **Falso**

    b. Los programas *NominaPlus* y *NOMINASOL* recogen la información relacionada con el contrato de trabajo en la pantalla denominada "ficha del trabajador".

         ☑ **Verdadero**
         ☐ Falso

9. Complete la siguiente oración:

En relación con la forma de pago de salarios, la aplicación informática que se utilice tiene que cumplir con la normativa **SEPA** y con lo relacionado con el **IBAN**.

10. ¿Qué tipo de datos permiten a las administraciones públicas identificar a un trabajador y a la empresa contactar con este?

Los datos identificativos del trabajador.

Solucionario Capítulo 5

1. **¿Dónde se conceptualiza el término incapacidad como: "el estado transitorio o permanente de una persona que, por accidente o enfermedad tiene mermada su capacidad laboral"?**

   En la segunda edición de la Guía de Valoración de Incapacidad Laboral Permanente para Médicos de Atención Primaria.

2. **¿Qué es el riesgo cuya materialización provoca el estado de necesidad, protegible mediante la prestación de la Seguridad Social correspondiente?**

   La contingencia.

3. **¿En qué normativa se encuentra regulada la acción protectora de la Seguridad Social?**

   En el texto refundido de la Ley General de la Seguridad Social.

4. **Indique si las siguientes afirmaciones son verdaderas o falsas:**

   a. Para acceder a las incapacidades temporales se sigue la misma ruta tanto en el programa *NOMINASOL* como en el programa *NominaPlus*.

   ☐ Verdadero
   ☑ **Falso**

   b. Tanto *NominaPlus* como *NOMINASOL* agrupan la enfermedad común y el accidente no laboral.

   ☑ **Verdadero**
   ☐ Falso

5. **Complete la siguiente oración:**

La acción protectora de la Seguridad Social cubre situaciones de **enfermedad común, enfermedad profesional, accidente no laboral, accidente profesional, nacimiento y cuidado de menor, riesgo durante el embarazo y lactancia natural.**

6. **¿Cuál es la duración mínima anual de las vacaciones?**

Treinta días.

7. **¿A qué hace referencia el término cierre patronal?**

Al derecho por el que se permite al empresario el cierre del centro de trabajo y, por tanto, la suspensión del contrato de trabajo.

8. **¿A qué hace referencia las siglas ERE?**

Las siglas ERE hacen referencia a los expedientes de regulación de empleo.

9. **¿A partir de qué ley tienen la consideración de contingencias profesionales los riesgos durante el embarazo y la lactancia materna?**

A partir de la Ley de igualdad efectiva de mujeres y hombres.

10. **¿Cuál es el porcentaje máximo que puede representar dentro del salario las retribuciones en especie?**

El 30 %.

Solucionario Capítulo 6

1. **¿Cuál es el período mínimo durante el cual las empresas tienen que archivar y conservar los recibos de salario?**

   Cuatro años.

2. **Complete la siguiente oración:**

   El recibo de salarios mensual es **un documento** que recoge **la percepción mensual del trabajador,** se conoce como **nómina** y tiene que ajustarse **a lo indicado por el ministerio competente.**

3. **¿Cómo se define a las liquidaciones y finiquitos?**

   Como el recibo por el cual tanto el trabajador como el empresario dan por finalizada la relación contractual-laboral existente entre ambos y donde se recogen todos los haberes pendientes del trabajador.

4. **¿A quién van destinados los certificados de empresa?**

   Al SEPE (Servicio Público de Empleo Estatal).

5. **Si tuviese que buscar información sobre los recargos e intereses relacionados con los seguros sociales pagados fuera de plazo, ¿dónde acudiría?**

   A la web de la Seguridad Social.

6. **Complete la siguiente oración:**

   El Sistema RED es el sistema que ofrece **la Seguridad Social** a **empresas y agrupaciones de empresas** para la transmisión electrónica de documentos desde **el ordenador de las mismas al ordenador de la Seguridad Social.**

7. Complete la siguiente frase:

El modelo que recoge las retenciones e ingresos a cuenta practicados anualmente es el **modelo 190.**

8. Indique si las siguientes afirmaciones son verdaderas o falsas:

a. Tanto el programa *NOMINASOL* como el programa *NominaPlus* siguen los mismos pasos para calcular el recibo de salario.

☐ Verdadero
☑ **Falso**

b. En función de si se utiliza el programa *NominaPlus* o el programa *NOMINA-SOL,* se envía un tipo u otro de archivos mediante el Sistema RED.

☐ Verdadero
☑ **Falso**

9. Complete la siguiente oración:

El modelo de retenciones e ingresos a cuenta del IRPF sirve **tanto a los trabajadores como a las empresas** para justificar **que se han realizado las retenciones relacionadas con el IRPF.**

10. Relacione los siguientes elementos:

a. *NominaPlus.*
b. *NominaPlus* y *NOMINASOL.*

a. Gráficos.
b. Informes.

Solucionario Capítulo 7

1. Complete la siguiente oración:

La gestión de personal incluye la realización de diferentes actuaciones, entre las que se encuentra la **motivación,** la departamentalización y el **análisis de la comunicación.**

2. ¿Qué se analiza en la gestión de competencias?

En la gestión de competencias se analizan las competencias que posee un trabajador para un puesto de trabajo.

3. ¿Cómo define la Clasificación Nacional de Ocupaciones de 2011 el término "competencia"?

La CNO-2011 lo define como "la capacitación necesaria para llevar a cabo eficazmente las tareas y cometidos correspondientes a un determinado empleo".

4. Complete la siguiente oración:

El nivel de competencia hace referencia a la **complejidad** y **diversidad** de tareas y cometidos propios de la ocupación.

5. Indique tres instrumentos o herramientas de los que se valen las empresas para analizar la competencia de los trabajadores.

El *curriculum vitae,* las titulaciones, la formación, la evaluación del desempeño, la antigüedad, los idiomas o la gestión del conocimiento.

6. Señale si las siguientes afirmaciones son verdaderas o falsas:

a. Tanto *NominaPlus* como *NOMINASOL* tienen todas las tablas generales del sistema relacionadas con la gestión de personal.

☐ Verdadero
☑ **Falso**

b. Solo el programa *NominaPlus* permite introducir todos los aspectos relacionados con la gestión de personal.

☐ Verdadero
☑ **Falso**

7. Complete la siguiente oración:

Si se utiliza el programa *NominaPlus,* dentro de la pestaña **Formación** se puede introducir la formación **académica,** complementaria y los idiomas y los programas informáticos
requieren que la información esté recogida en las **tablas generales** del sistema.

8. Indique la pantalla en la que es necesario encontrarse, tanto si se utiliza *NominaPlus* como si se emplea *NOMINASOL,* para poder introducir la formación del trabajador.

La pantalla en la que se accede a la ficha del trabajador.

9. ¿Cuál es la finalidad del departamento de recursos humanos?

La finalidad del departamento de recursos humanos es nutrir al resto de departamentos
en cuestiones específicas relacionadas con los trabajadores.

10. Señale al menos tres aspectos relacionados con la especialización en la compe-tencia.

El área de conocimientos requeridos, las herramientas y maquinarias, los materiales
sobre los que se trabaja o con los que se trabaja y los tipos de bienes y servicios pro-
ducidos.

Solucionario Capítulo 8

1. Complete la siguiente oración:

El *Benchmarking,* o análisis comparativo, considera que **aprendiendo de otros** se introducen **mejoras continuas** en la organización, y **no** significa **copiar ni espiar.**

2. ¿Cuál es la ruta mediante la cual se obtiene un registro en el programa *NominaPlus* de los usuarios que han accedido a pantallas de la aplicación con datos de carácter personal?

La ruta mediante la cual se obtiene un registro de los usuarios que han accedido a pantallas del programa con datos de carácter personal es **Configuración → Perfiles de usuarios y periféricos → Registro de accesos LOPD.**

3. ¿Qué usuario ostenta el nivel "Todos los niveles de acceso" en el programa *NOMI-NASOL?*

El usuario que ostenta este nivel es el usuario supervisor.

4. ¿Cuál es la diferencia entre el nivel "Todos los niveles de acceso" y el nivel "Todos los permisos de trabajo"?

La diferencia estriba en que el nivel "Todos los niveles de acceso" permite la gestión de usuarios y la ubicación de archivos, y el nivel "Todos los permisos de trabajo" permite acceder a cualquier parte del programa, pero no realizar las funciones indicadas anteriormente.

5. Si tuviese que buscar información sobre la protección de datos, ¿adónde acudiría?

A la Ley Orgánica 3/2018, de 5 de diciembre, de Protección de Datos Personales y garantía de los derechos digitales.

6. **¿Qué se recomienda, tanto para el programa *NominaPlus* como para *NOMINASOL,* para operativizar las copias de seguridad que se realizan?**

Crear previamente una carpeta denominada Copia de Seguridad en el disco duro del ordenador.

7. **Complete la siguiente oración:**

La configuración de documentos hace referencia a **la forma en que se desea que estos se impriman.**

8. **Indique si las siguientes afirmaciones son verdaderas o falsas:**

   a. Tanto el programa *NOMINASOL* como el programa *NominaPlus* indican de manera genérica si se desea realizar una copia de seguridad cuando se cierra el programa sin ser necesario que se configure tal opción.

      ☐ Verdadero
      ☑ **Falso**

   b. El *Benchmarking* es sinónimo de espionaje industrial.

      ☐ Verdadero
      ☑ **Falso**

9. **Si utiliza *NOMINASOL,* ¿cuál es la opción más recomendable a la hora de crear usuarios a los que se les quiere dar acceso solo a determinadas opciones del programa?**

La opción más recomendable es la de los permisos programables.

10. **Indique al menos un ejemplo de situaciones en las cuales se pueden crear restricciones de acceso o denegar el acceso al programa informático.**

Cuando el usuario se encuentra de vacaciones o en cualquier otra ausencia, así como cuando se está realizando algún tipo de mantenimiento informático, como puede ser la modificación del convenio de aplicación.

Apoyo administrativo a la gestión de recursos humanos

Solucionario Capítulo 1

1. ¿En qué consiste la división del trabajo?

La división del trabajo se define como el desglose de las operaciones productivas con el fin de que cada trabajador se dedique a un objetivo simplificado o una misma tarea, logrando así tanto un aumento en la habilidad y destreza de los trabajadores como un importante ahorro de tiempo.

2. Determine si las siguientes afirmaciones son verdaderas o falsas.

a. Una función de producción tiene por finalidad la de proveer de recursos económicos suficientes a las entidades.

☐ Verdadero
☑ **Falso**

b. Dentro de las funciones comerciales, las entidades se centran en la producción de distintos productos o servicios.

☐ Verdadero
☑ **Falso**

c. El objetivo de las funciones de personal o de recursos humanos es fomentar el desarrollo profesional de los trabajadores y velar por sus derechos laborales.

☑ **Verdadero**
☐ Falso

3. ¿Qué elementos influyen en que la sociedad del conocimiento esté presente en las empresas líderes de todos los sectores?

a. Los adelantos tecnológicos.
b. La fluidez de la información.
c. La alta cualificación.
d. Todas las opciones son correctas.

4. ¿Qué se entiende por planificación?

La planificación es un proceso integral que define los objetivos, las estrategias, las actividades y los recursos que son necesarios para conseguir los objetivos marcados por la entidad u organización.

5. ¿Cuál es la diferencia entre meta y objetivo?

Una meta es un propósito a nivel general, con vistas a un futuro distante, describe una condición anhelada, hacia la cual el centro de información avanzará en un plazo entre 3 y 5 años.

Por su parte, los objetivos son propósitos instantáneos, poseen un tiempo concreto y próximo para realizarse.

6. Relacione las siguientes afirmaciones con el tipo de necesidad.

    a. Tener los proveedores siempre satisfechos.
    b. Tener una cualificación óptima del personal.
    c. Conseguir una gestión integral de su personal.
    d. Conseguir nuevos clientes para expandir sus ventas.
    e. Tener vías alternativas de financiación.
    f. Desarrollar un método de promoción interna.

b, c y f. Necesidades a nivel humano.
a, d y e. Necesidades a nivel económico.

7. Determine si las siguientes afirmaciones son verdaderas o falsas.

    a. La organización informal es aquella que se rige por unas pautas predefinidas muy marcadas (normas, procedimientos, comportamientos, reglas, etc.).

        ☐ Verdadero
        ☑ **Falso**

b. El elemento predominante de una organización funcional es la especialización de las funciones para cada tarea.

☑ **Verdadero**
□ Falso

c. El principio de unidad de mando está muy acentuado en el modelo de organización jerárquica.

☑ **Verdadero**
□ Falso

8. ¿Cuáles de las siguientes funciones son entendidas como sociales y de igualdad?

a. Definir los perfiles profesionales para cubrir los puestos.
b. Planificar vacaciones, permisos, horas extraordinarias, bajas y altas y cualquier imprevisto que afecte a la plantilla.
c. **Resolución de problemas laborales de cualquier índole.**
d. Controlar y prevenir el absentismo laboral.

9. ¿Qué métodos son utilizados para el análisis de los puestos de trabajo?

Los métodos de análisis de los puestos de trabajo que se utilizan actualmente son:

▌ Observación directa: se realiza mientras el empleado ejecuta sus funciones y tareas. El hecho de ser observado puede tener connotaciones negativas en el resultado, pero también es una forma ideal para recabar datos sistemáticos y homogéneos de toda la plantilla.

▌ Entrevistas: es un encuentro directo entre trabajador y un especialista cualificado, con el objetivo de reunir la información necesaria para el análisis. Es un método que elimina posibles interferencias y con el cual se reúne una gran cantidad de datos útiles.

▌ Informes y cuestionarios: se basan en registros administrativos bien estructurados, que deben ser sencillos de leer y comprender. De la seriedad con que se tome el empleado estos métodos dependerá la calidad de la información recabada.

▌ Medición de funciones y actividades diarias: tratan de delimitar diariamente las actividades y funciones realizadas, con el fin de conocer la dificultad y el tiempo invertido en realizarlas.

❚ Métodos mixtos: son métodos híbridos que mezclan los anteriormente descritos, hacen que el análisis sea más completo, puesto que se poseen varias vías de obtención de información.

10. ¿Cuáles son las etapas de la planificación de plantillas?

Las etapas de la planificación de plantillas son las siguientes:

1. Análisis interno: consiste en el estudio de la entidad con la finalidad de identificar las áreas de actividad empresarial, sus diferentes funciones, las distintas categorías profesionales, los niveles de formación y capacitación de cada empleado y, por último, las relaciones formales e informales de la empresa.
2. Evaluación de la organización del trabajo: el objetivo es descubrir los puntos fuertes y las debilidades como organización, para poder potenciarlos o atajarlas de forma prioritaria.
3. Previsión: consiste en elaborar un esquema futuro de la empresa, teniendo en cuenta todos los cambios organizativos que se puedan dar.
4. Programación: realizados los pasos previos, hay que realizar un plan de trabajo, armando el proyecto con las personas, recursos, métodos y plazos que son necesarios para obtener los objetivos deseados.
5. Ejecución: la ejecución es la "puesta en marcha" de las acciones que darán paso a conseguir los objetivos anhelados. Implicación y motivación de todas las personas es la clave en esta etapa.
6. Seguimiento y control: la última etapa se encarga de vigilar de forma continuada la consecución del plan, detectar los posibles cambios que originen situaciones anómalas que puedan interferir en el desarrollo normal del proyecto.

Solucionario Capítulo 2

1. **¿Cómo se selecciona al personal en el ámbito público?**

   a. Mediante entrevistas personales.
   b. **Mediante el sistema de oposición.**
   c. Mediante técnicas grupales.
   d. Designando libremente las vacantes.

2. **¿Cuáles son los requisitos más habituales que se exigen para acceder a una oferta de empleo público?**

   Los requisitos más habituales para acceder a la oferta pública de empleo son:

   a. Tener la nacionalidad española o de algún estado miembro de la UE.
   b. Poseer la edad requerida para el puesto que se aspira (normalmente mayoría de edad para funcionario y 16 años para personal laboral).
   c. Estar en posesión de la titulación requerida para el puesto en concreto o estar en condiciones de obtenerlo antes de que finalice el plazo establecido en la convocatoria.
   d. No padecer ninguna afección ni enfermedad, ni limitación física o psíquica para desarrollar plenamente las funciones del puesto de trabajo.
   e. No haber sido separado del servicio de cualquiera de las administraciones públicas mediante expediente disciplinario ni hallarse inhabilitado para desempeñar cargos públicos.

3. **¿Cuál de los siguientes medios de reclutamiento no es usado por los técnicos de selección?**

   a. Base de datos.
   b. Servicio Público de Empleo Estatal.
   c. Empresas de trabajo temporal.
   d. **Revistas de moda.**

4. **Una vez elegido el medio de comunicación, ¿cuál de las siguientes consideraciones se tiene en cuenta?**

    a. No elegir el tipo de anuncio.
    b. Descuidar el contenido del mensaje.
    c. Trazar la prioridad del número de publicaciones que se va a devolver.
    d. Obviar la localización y el tamaño de la empresa.

5. **Cuando un currículum es entregado en mano, ¿qué pauta no se debe realizar?**

    a. Solicitar el consentimiento del candidato.
    b. Publicar el currículum vítae del candidato en las redes sociales sin el consentimiento del candidato.
    c. Tener visible el aviso legal en el caso de redes sociales y portales de empleo.
    d. Firmar una autorización previa.

6. **Relacione cada concepto con su significado.**

    a. Currículum vítae.
    b. Carta de presentación.
    c. Perfil profesional.

    b. Ofrece la posibilidad al candidato de desarrollar una redacción más personal de su ámbito profesional y competencias laborales.
    c. Esbozo que detalla el recorrido profesional, habilidades destacables y competencias del individuo.
    a. Documento que detalla todas las experiencias laborales y la formación académica, junto con otros datos de interés profesional.

7. **¿Cómo puede redactarse una carta de presentación?**

Una forma eficaz para diseñar la carta de presentación es redactar tres párrafos:

    ❚ En el párrafo inicial, el candidato se presenta brevemente de forma coloquial, suele mencionar el puesto más importante realizado, la competencia laboral más exitosa que ha logrado o la titulación académica más alta que ostenta.
    ❚ En un párrafo posterior, el candidato enumera todas las funciones y competencias que puede llevar a cabo, todas las titulaciones importantes

logradas en su carrera profesional, y todas las aptitudes y habilidades que tiene interiorizadas y puede poner en práctica.

▌ En el párrafo final, el candidato agradece el interés a la entidad reclutadora y expresa sus objetivos futuros. Detalla brevemente cómo quiere que se desarrolle su carrera profesional y qué aspectos le atraen del puesto de trabajo ofertado.

8. **Relacione los siguientes tipos de entrevistas con su definición.**

    a. Entrevista preliminar.
    b. Entrevista dirigida.
    c. Entrevista extrema.
    d. Entrevista a fondo.

    c. Se utiliza para saber si el candidato es resolutivo en situaciones de alta presión, dificultad o ansiedad.
    a. Se utiliza en las primeras fases de la selección y completa información básica del aspirante.
    d. Se produce en las últimas etapas de la selección y suele ser definitiva.
    a. El aspirante solo podrá responder a la tanda de preguntas efectuadas de manera breve y limitada.

9. **Enumere las características de los informes de los candidatos.**

Las características que generalmente deben cumplir los informes de los candidatos, para facilitar las tareas de selección, son las siguientes:

▌ Deberán ser claros, concisos, breves y comprensibles.
▌ Deben mantener una forma simple, guardando una gramática correcta.
▌ No deberán fomentar dudas ni puntos ambiguos.
▌ El cuerpo del informe debe ser de lectura fácil.
▌ Se dará prioridad al formato informatizado, y el informe nunca sobrepasará las cuatro páginas.
▌ Las apreciaciones personales nunca serán despectivas.
▌ Primará ante todo la confidencialidad, el buen uso de los datos de carácter personal y el secreto profesional.

10. A la hora de tomar la decisión final, ¿cuál es el número aconsejable de candidatos?

    a. Siempre será superior a 3.
    b. Siempre será superior a 5.
    c. Nunca será superior a 3.
    d. Nunca será superior a 5.

Solucionario Capítulo 3

1. Complete el siguiente texto.

Las líneas a seguir y el futuro de las empresas **competitivas** vienen trazados en un plan **estratégico** bien definido, en él se diseña el porvenir empresarial, detallando el **posicionamiento** actual que ostenta la empresa y describiendo los próximos **objetivos** y metas a conseguir.

2. Enumere las fases que intervienen en los proyectos formativos para evaluar, controlar y planificar la formación.

Para desarrollar los proyectos formativos, para evaluar, controlar y planificar la formación, el departamento de recursos humanos determina cuatro fases importantes:

- I Fase de detección.
- I Fase de desarrollo del plan formativo.
- I Fase de impartición de acciones formativas.
- I Fase de seguimiento.

3. Determine si las siguientes afirmaciones son verdaderas o falsas.

a. Las previsiones de recursos a medio plazo se realizan normalmente en períodos no superiores a un año, se centran principalmente en conseguir objetivos en un ámbito cuantitativo.

    ☐ Verdadero
    ☑ **Falso**

b. En las previsiones de recursos a largo plazo, el plan de formación estará plenamente integrado en la organización.

    ☑ **Verdadero**
    ☐ Falso

c. La formación de la plantilla es una inversión que, indudablemente, generará beneficios y riqueza para la organización.

☑ **Verdadero**
☐ Falso

4. ¿Qué es la experiencia profesional?

La experiencia profesional se puede definir como toda forma de conocimiento o habilidad, proveniente de la observación, la asimilación y la práctica sistemática dentro de un marco laboral o en el desempeño de una profesión específica.

5. Relacione cada modalidad de evaluación formativa con su objetivo.

   a. Evaluación diagnóstica.
   b. Evaluación formativa.
   c. Evaluación sumativa.
   d. Evaluación de la transferencia.
   e. Evaluación del impacto.

   b. Se centra en el desarrollo del proceso de enseñanza, teniendo en cuenta la consecución de objetivos.
   c. Se centra en los resultados finales y en las competencias alcanzadas al término de la formación.
   a. Se centra en la coherencia pedagógica y en la debida adecuación de las necesidades formativas.
   d. Se centra en cómo los participantes aplican los conocimientos adquiridos en el desempeño rutinario de sus funciones.
   e. Se centra en las repercusiones globales que logra la formación, en la rentabilidad de la misma y los beneficios que otorga.

6. ¿Qué es un proyecto de formación?

El proyecto de formación se define como el diseño de un conjunto de acciones que se van a desarrollar en un período de tiempo determinado, encaminadas a satisfacer las necesidades formativas del personal de la empresa.

7. ¿Qué elementos se recogen dentro de un programa formativo?

Dentro del programa formativo se deben recoger los siguientes elementos de la actividad formativa:

- Objetivos generales.
- La modalidad de impartición.
- La duración o período de realización.
- El contenido de la formación.
- Criterios de evaluación.
- Capacidades que los trabajadores conseguirán con la formación.

8. Determine si las siguientes afirmaciones son verdaderas o falsas.

a. La formación de ingreso tiene por finalidad ayudar en la integración de los trabajadores, informándoles y orientándoles acerca de aspectos propios de la empresa que precisan conocer con carácter previo a la incorporación.

   ☑ **Verdadero**
   ☐ Falso

b. La formación complementaria se utiliza para optimizar habilidades, se detecta la necesidad de mejorar la habilidad en concreto, mediante un estudio detallado, se desarrolla un objetivo concreto y se crea el pertinente contenido para alcanzar dicho objetivo.

   ☐ Verdadero
   ☑ **Falso**

c. La polivalencia profesional es la capacidad que desarrollan algunos empleados para desarrollar diferentes tareas y funciones, por necesidades de la propia empresa.

   ☑ **Verdadero**
   ☐ Falso

9. Complete el siguiente texto.

Las Administraciones **públicas** fomentan la formación **continuada,** mediante el sistema de formación **profesional** para el empleo, el cual tiene por objeto planificar, **programar** y ejecutar acciones **formativas** entre empresas y trabajadores **ocupados** y desempleados.

10. ¿Qué objetivos se pretenden alcanzar con la evaluación formativa?

a. Conocer la satisfacción de los trabajadores con respecto a los cursos y acciones realizadas.
b. Detectar qué aspectos se podrían mejorar en la acción formativa.
c. Comprobar qué conocimientos adquiridos se invierten en el desempeño laboral.
d. **Todas las opciones son correctas.**

Solucionario Capítulo 4

1. **¿Cómo debe desarrollarse un programa de evaluación del desempeño?**

   a. El desarrollo de un programa de evaluación debe realizarse de forma aislada y debe presentar una forma sistemática, formal y evidente.
   b. **El desarrollo de un programa de evaluación no debe realizarse de forma aislada y debe presentar una forma sistemática, formal y evidente.**
   c. El desarrollo de un programa de evaluación no debe realizarse de forma aislada, pero debe presentarse de forma intuitiva e informal.
   d. El desarrollo de un programa de evaluación debe realizarse de forma aislada y debe presentarse de forma informal e incierta.

2. **Determine si las siguientes afirmaciones son verdaderas o falsas.**

   a. La evaluación del desempeño pone en evidencia muchas debilidades existentes entre las personas procedentes de un reclutamiento anterior o selección previa.

      ☑ **Verdadero**
      ☐ Falso

   b. La evaluación del desempeño provoca niveles de eficiencia y productividad bajos.

      ☐ Verdadero
      ☑ **Falso**

   c. La evaluación del desempeño mide el rendimiento del trabajador y de su potencial laboral, siendo más fácil ofrecer oportunidades de desarrollo de carrera, promoción y crecimiento.

      ☑ **Verdadero**
      ☐ Falso

3. Complete el siguiente texto.

Es muy importante analizar las características del **puesto** de trabajo, su entorno y la **capacitación** del empleado, también es vital revisar los **objetivos** previstos en cada puesto. Si no se presta atención a estos aspectos, los **resultados** de la evaluación no serán objetivos, y no aportarán **información** relevante a la organización que la pone en práctica.

4. ¿Qué principios y requisitos debe cumplir una evaluación del desempeño?

Una evaluación del desempeño debe garantizar una serie de principios o requisitos para ser fiable y confiable. Entre ellos, cabe destacar:

- Objetividad: debe primar la transparencia en el proceso, y la información deberá estar debidamente constatada.
- Pertinencia: siempre es necesario tener presente qué aspectos se deben evaluar y cuáles no.
- Participación: en todo momento la relación entre evaluado y evaluador deberá estar marcada por el diálogo y el consenso.
- Justicia: el evaluador debe ser justo ante todas las situaciones que se produzcan, aplicando los mismos criterios a todos los evaluados por igual.

5. ¿Por qué es beneficioso para el trabajador que se realice una valoración de su puesto de trabajo?

- a. Permite al trabajador tener pleno conocimiento de cómo debe realizar sus funciones.
- b. Permite al trabajador conocer si está desarrollando correctamente sus funciones.
- c. Permite al trabajador reclamar un puesto más adecuado a sus capacidades.
- d. **Todas las opciones son correctas.**

6. Relacione cada método de evaluación con su objetivo.

- a. Métodos de escala.
- b. Métodos basados en la observación.
- c. Métodos basados en acontecimientos negativos o positivos.
- d. Métodos de comparación global.

b. Se realizan *in situ,* fundamentándose en una observación directa, valorando de forma descriptiva todo aspecto detectable a simple vista.

c. Se establecen mediante el registro de sucesos valorables, a veces se centrarán en los logros que se alcancen y otras en los fracasos e incidentes que se produzcan.

d. Se establecen en la plantilla, otorgando cualquier tipo de baremo y valorándolo de forma global, normalmente poniendo en práctica un sistema de puntuación comparativo.

a. Se utilizan cuando la plantilla es grande, puesto que son muy explícitos y arrojan mucha información de forma muy detallada.

7. **Determine si las siguientes afirmaciones son verdaderas o falsas.**

a. La promoción interna permite que los trabajadores tengan que acudir a entidades externas para cumplir con sus expectativas laborales.

☐ Verdadero
☑ **Falso**

b. La promoción interna acelera la integración y la adaptación de las personas que cubren los puestos de trabajo de la entidad.

☑ **Verdadero**
☐ Falso

c. La promoción interna supone un aumento de los costes, que ocasionaría un nuevo proceso de selección.

☐ Verdadero
☑ **Falso**

8. **¿Cómo gestionará el departamento de recursos humanos la documentación relacionada con la evaluación del desempeño?**

Una demostración práctica de evaluación del desempeño podría ser la siguiente:

▌ En primer lugar, se establecerá un sistema fiel de medición, al final de la jornada, en un documento debidamente cumplimentado, se registrarán los resultados de todo el personal (número de piezas fabricadas, cantidad de *stock* gestionado, volumen de ventas o cualquier índice que arroje productividad).

I En segundo lugar, gracias a estudios estadísticos, se mostrará el comportamiento de los resultados a través del tiempo, se definirán informes semanales o mensuales, dependiendo del caso, que serán archivados para su futura interpretación.

I En último lugar, se establecerán objetivos colectivos claros y reales, y toda documentación que verse sobre el rendimiento personal quedará bajo la custodia de los correspondientes responsables, que velarán por la confidencialidad y no harán un mal uso de los datos de carácter personal que esta contiene.

9. ¿Qué es la gestión del talento?

La gestión del talento es el procedimiento que estudia y desarrolla el reclutamiento, la selección de personal, la capacitación de la plantilla y la evaluación del desempeño con el objetivo de captar, administrar y retener a las personas que, por su talento intrínseco, pueden potenciar los resultados y objetivos que persiguen las organizaciones y empresas.

10. Complete el siguiente texto.

Una entidad que centra sus recursos humanos valorando a las **personas** que la componen como capital **humano** llegará a tener éxito, puesto que ya no estará basada en mecanismos como la **información** o la tecnología, sino en la gente que en ella participa.

Comunicación efectiva y trabajo en equipo

Solucionario Capítulo 1

1. **¿Qué diferencias existen entre habilidades personales y sociales?**

Se entiende por habilidades personales aquellas competencias técnicas, psicológicas y sociales que posee un individuo para poder desempeñar una labor con éxito, ya sea en su vida privada o profesional.

Se entiende por habilidades sociales el conjunto de conductas necesarias para interactuar y relacionarse con los demás de forma efectiva y satisfactoria.

2. **De las habilidades de especial interés en el ámbito laboral estudiadas, ¿cuál de ellas se considera clave para la transmisión de los valores?**

   a. **Comunicación.**
   b. Iniciativa.
   c. Empatía.
   d. Todas las opciones son correctas.

3. **Complete la siguiente oración.**

A la habilidad social de interés en el ámbito laboral conocida como la **capacidad** de adelantarse y prepararse frente a **acontecimientos** que puedan acontecer se le conoce como **iniciativa.**

4. **Señale la opción correcta.**

   a. En el proceso de comunicación, lo más importante es que el mensaje sea claro y directo.
   b. **En el proceso de comunicación, es tan importante la comunicación verbal como la no verbal.**
   c. El *feedback* solo es necesario para la comunicación establecida entre dos personas.
   d. La única comunicación posible en la empresa es la marcada por la dirección.

5. **Los elementos de la comunicación son:**

   a. Emisor, mensaje, receptor y *feedback.*
   b. **Emisor, mensaje, canal, código y receptor.**
   c. Idea, codificación, emisor, mensaje, descodificación y receptor.
   d. Emisor, receptor, mensaje y ruido.

6. **En la comunicación no verbal, el leguaje proxémico es el que hace referencia a la distancia física existente entre emisor y receptor. ¿Qué zonas se podrían establecer en función de las necesidades e interpretación de las personas?**

   ▎ Zona íntima. Es una distancia corta entre emisor y receptor, reservada para la entrada a personas que comparten vínculos emocionales, familiares o sociales. Se establece entre 15 y 45 cm la distancia entre ambos, pudiéndose reducir mediante contacto físico entre las partes.
   ▎ Zona personal. Es aquella en la que toda persona se encuentra cómoda por mantener su espacio vital con respecto a otros. Se establece entre 46 cm y 1,22 m.
   ▎ Zona social. Es el espacio que más se puede dar en las relaciones de trabajo en equipo, siendo un espacio donde personas que no se conocen suficientemente bien interactúan para trabajar conjuntamente. Se establece entre 1,23 y 3,6 m.
   ▎ Zona pública. Es aquella distancia que se mantiene con personas o grupos de personas desconocidas para transmitir un mensaje. Esta distancia será mayor a 3,6 m.

7. **La habilidad social que capacita al individuo a expresar sentimientos y opiniones de manera honesta y adecuada, en el momento oportuno y respetando los derechos de las otras personas, es conocida como...**

   a. ... flexibilidad.
   b. **... asertividad.**
   c. ... empatía.
   d. ... escucha activa.

8. **Identifique el tipo de lenguaje utilizado.**

    a. Un compañero se dirige a otro, llevándose el dedo a la boca, pidiendo silencio. **Corporal.**
    b. Señal de prohibido el paso. **Icónico.**
    c. Un jefe levanta la ceja ante un acto que está realizando un trabajador. Al percatarse, el trabajador lo identifica como que está mal y rectifica. **Kinésico.**
    d. El emisor siente que el receptor se acerca demasiado al transmitirle un mensaje al oído. **Proxémico.**

9. **Según los diferentes autores, ¿qué es necesario para que se dé la cohesión entre los miembros del grupo?**

    ▮ Objetivo grupal. Todos los miembros del grupo comparten los mismos objetivos y trabajan para alcanzarlo.
    ▮ Favorecer el conocimiento del grupo. Los componentes del grupo han de saber unos de otros para que exista complicidad entre los miembros.
    ▮ Sentimiento de pertenencia. Significa sentir que perteneces a algo, y eso ofrece seguridad. La idea de pertenencia genera unidad.
    ▮ Código de conducta y valores. Los trabajadores, en su interacción en la empresa, se rigen por la cultura de esta y un conjunto de normas establecidas que todos deben respetar. Hay un código que vendrá impuesto por la empresa, aunque el equipo puede tener otro, siempre que no contravenga al de la empresa.
    ▮ Apoyo por parte de los miembros del grupo. Los miembros del grupo se motivan entre ellos y buscan dar ánimos en los malos momentos. Esa motivación facilita valores como la perseverancia.

10. **¿Se podría afirmar que las habilidades innatas son intrínsecas del individuo desde el momento de su nacimiento? Justifique su respuesta.**

    No, ya que el desarrollo de estas habilidades dependerá del contexto social en el que se encuentre inmerso el individuo y sus experiencias adquiridas.

Solucionario Capítulo 2

1. ¿Qué se entiende por comunicación formal?

La comunicación formal hace referencia a la comunicación oficial de la empresa. Basada en los valores y principios de esta, la comunicación formal se caracteriza por seguir los caminos establecidos en el organigrama desarrollado por la empresa, y viene marcada por unas reglas establecidas por la dirección. Los mensajes formales fluirán, como regla general, a través de la compañía de manera ascendente, descendente y horizontal entre los miembros que componen la empresa y en virtud de las necesidades que esta establezca.

2. ¿Qué cuestiones deberá tener en cuenta para su desarrollo el plan de comunicación?

a. Ha de ser conocido por todos los miembros de la organización y la información ha de llegar a cada interesado.
b. Realizar una selección de aquellas noticias que aporten un valor al desempeño de las actividades diarias, y cuyo conocimiento y difusión entre el activo humano de la empresa ayuden a crear mentalidad de grupo.
c. Definir los canales de comunicación interna establecidos.
d. Todas las opciones son correctas.

3. Los tipos de motivación que se pueden encontrar en la empresa son:

a. Motivación de logro.
b. Motivación de resultados.
c. Motivación de sacrificio.
d. Las opciones a y b son correctas.

4. Señale la opción correcta.

a. Los conflictos son perjudiciales para la empresa.
b. Los conflictos son beneficiosos para la empresa.
c. Los conflictos pueden favorecer la cohesión de grupos.
d. El conflicto solo genera mal clima organizacional.

5. ¿Qué es necesario para que la comunicación oral sea efectiva?

Para que la comunicación oral sea efectiva, el emisor debe estructurar y formular adecuadamente el mensaje, y el receptor prepararse para realizar una escucha activa, con el fin de entender en toda su dimensión el mensaje que le es establecido.

6. ¿Cuál de las siguientes redes de comunicación formal es la más efectiva para realizar acciones complejas divididas en múltiples acciones más simples?

    a. Circular.
    b. De estrella.
    c. En Y.
    d. En cadena.

7. Identifique cada comunicación con su tipo.

    a. Periódico de empresa.
    b. Quedar a tomar cerveza tras el trabajo.
    c. Anuncio de televisión.
    d. Orden directa de limpiar un charco.

    <u>a.</u> Formal y oral.
    <u>b.</u> Informal y oral.
    <u>c.</u> Externa y diferido.
    <u>d.</u> Formal y escrito.

8. Enumere los posibles problemas que puede plantear la comunicación formal.

    ▌ Lentitud. El establecimiento de un sistema de comunicación formal donde intervienen muchas personas puede dar lugar a que el mensaje fluya de manera lenta.

    ▌ Exceso de formalidad. La comunicación se ha de adaptar a los receptores. En el caso de la empresa, dependiendo de su volumen de empleados, hay receptores con diferentes niveles educativos, lo que puede hacer que un mismo mensaje no llegue a comprenderse de igual modo por todos los miembros de la organización.

    ▌ Utilización de medios inadecuados. Son muchos los medios a través de los cuales se pueden transmitir las diferentes informaciones dentro de la empresa. Al igual que en el punto anterior, el medio también se ha de adaptar al receptor. De nada servirá hacer un buen comunicado y enviarlo vía *e-mail* a todos los miembros de la organización cuando esta basa su negocio en la manufactura y los trabajadores no tienen ordenadores en sus puestos de trabajo.

9. **Enumere las ventajas para la empresa de tener una política de comunicación interna.**

   1. Mejora la coordinación, eficiencia y motivación de los empleados.
   2. Optimiza el trabajo en equipo.
   3. Crea mensajes que responden a la cultura corporativa.
   4. Mejora la imagen de la empresa de cara al empleado y, por consiguiente, hacia el exterior.
   5. Evita la propagación de rumores.
   6. Agiliza el trabajo diario.

10. **Atendiendo al tipo de mensaje que comunica, ¿cómo puede ser la comunicación?**

   ▮ Operativa.
   ▮ Personal.
   ▮ Motivacional.

Solucionario Capítulo 3

1. Señale la opción incorrecta.

a. El líder necesita el reconocimiento del grupo.
b. **Todo líder ha de ejercer su liderazgo del mismo modo para garantizarse el reconocimiento del grupo.**
c. Uno de los aspectos claves del líder es la capacidad de influencia sobre los demás.
d. Atendiendo al tipo de poder, se pueden diferenciar tres tipos de liderazgo.

2. ¿Qué habilidades personales ha de tener un buen líder?

a. Motivación.
b. Inteligencia.
c. Credibilidad.
d. **Todas las opciones son correctas.**

3. ¿Qué características han de cumplir los objetivos propuestos por el líder?

▌ Explícitos. Se han de poner por escrito de forma clara para poder ser comunicados de igual manera a cada miembro, y que puedan ser analizados por estos.

▌ Precisos. Es más importante establecer objetivos realistas y en cantidad que grandilocuentes objetivos que pueden ser tomados como sueños inalcanzables.

▌ Significativos. Han de tener relación con el trabajo del grupo y ser relevantes para la empresa u organización en la que se mueva el grupo.

▌ Definidos en el tiempo. Establecer un cronograma con las expectativas de cumplimiento de los mismos hace que, a medida que se vayan alcanzando los objetivos, el grupo se sienta realizado en su actividad. Este hecho anima a las personas a continuar trabajando y creyendo en las directrices del líder.

▌ Alcanzables. La creencia de que es posible alcanzar el objetivo hace que las personas trabajen para realizarlo. Un objetivo que es considerado inalcanzable no tendrá la creencia del grupo en su consecución, por lo que no se esforzarán en alcanzarlo y la imagen del líder se verá cuestionada por no conocer las características y posibilidades de su grupo.

▌ Observables. Los objetivos han de ser claros y explicados al grupo. La consecución de estos se ha de poder observar por parte del grupo, por lo que es importante la comunicación del líder con su grupo. En las organizaciones, la información que llega a los puestos de base e intermedios en muchas ocasiones es insuficiente, por lo que si los objetivos que se buscan repercuten en el beneficio global de la empresa y esta no transmite información a los trabajadores sobre, por ejemplo, el incremento de ventas, estos no serán conscientes de la importancia de la consecución de sus objetivos para el funcionamiento de la compañía.

▎ Evaluables. Los objetivos han de poder evaluarse y estar abiertos a modificaciones en aquellos aspectos que hagan mejorar para futuros proyectos. Es importante también analizar las causas de por qué no se han logrado cumplir y cuáles han sido las causas por las que el grupo no los ha alcanzado. Realizar un estudio crítico sobre el resultado de los objetivos alcanzados, o no, al finalizar el proyecto, ayudará al crecimiento del grupo y a un mayor conocimiento de este por parte de sus miembros y su líder.

4. Complete la siguiente oración.

Cuando se afirma que con la escucha activa el líder se puede adelantar o ser consciente de que existe un **conflicto** entre miembros del grupo y actuar para solucionarlo de manera empática y buscando el interés común del **grupo,** se está haciendo referencia a la función **mediadora** del líder.

5. ¿Qué diferencia hay entre trabajo en equipo y equipo de trabajo?

El trabajo en equipo es aquel en el que varias personas aportan sus conocimientos, habilidades, destrezas y competencias para que puedan realizar diferentes actividades con el objetivo de alcanzar un fin común. Todos los componentes colaboran sin que exista una función especificada a cada uno.

Los equipos de trabajo son grupos de personas con competencias individuales que se complementan entre sí, se organizan estableciendo normas y bajo la existencia de una confianza mutua para alcanzar, con su trabajo, objetivos colectivos.

6. Defina el concepto de sinergia para la consecución de objetivos y metas.

El concepto de sinergia hace referencia a que los resultados de un equipo de trabajo pueden ser superiores a la suma del trabajo de cada uno de los miembros de ese equipo. Esto dependerá de la organización del equipo y de que el objetivo perseguido sea común para todos los miembros.

7. **Atendiendo a diferentes autores, la base para el trabajo en equipo se fundamenta sobre las 5 C, que son:**

    a. Compañerismo, comunicación, confianza, complementariedad y compromiso.

    b. **Confianza, comunicación, complementariedad, compromiso y coordinación.**

    c. Colaboración, comunicación, confianza, compromiso y cohesión.

    d. Credibilidad, confianza, cohesión, colaboración y compañerismo.

8. **¿Qué se entiende por cohesión grupal?**

La cohesión es entendida como el grado con el que los miembros del grupo se sienten atraídos entre sí. La cohesión del grupo irá en proporción a la colaboración y cooperación de sus miembros.

9. **Enumere las ventajas que puede tener para la empresa el trabajo en equipo.**

Entre las ventajas para la empresa, se pueden destacar:

- Menos número de absentismo y rotación de personal.
- Mayor sentimiento de pertenencia a la compañía.
- Surgen nuevas fórmulas de abordar los problemas.
- Son más diversos los puntos de vista.

10. **El líder, ya sea formal o informal, puede tener una serie de habilidades complementarias que pueden ser muy significativas. ¿Qué funciones serían?**

- Símbolo.
- Sustituto.
- Ideólogo.

Solucionario Capítulo 4

1. **Atendiendo a la clasificación realizada por Maslow, las necesidades se pueden clasificar en...**

   a. **... fisiológicas, seguridad, pertenencia, reconocimiento y autorrealización.**

   b. ... fisiológicas, higiénicas, de poder, reconocimiento y autorrealización.

   c. ... logro, poder, afiliación, liderazgo y reconocimiento.

   d. ... seguridad, pertenencia, reconocimiento, satisfacción y logro.

2. **¿Qué diferencias existen entre los factores motivadores e higiénicos según Herzberg?**

   Entre las diferencias que se pueden apreciar, están las siguientes:

   ▍ Satisfacción. Los factores intrínsecos producen satisfacción en la persona, mientras que los extrínsecos no.

   ▍ Insatisfacción. Los factores intrínsecos no producen insatisfacción en la persona al no tenerlos, mientras que los factores extrínsecos sí puede llegar a producir insatisfacción en las personas si no los tienen.

   ▍ En cuanto a la persona. Los factores intrínsecos están relacionados con los factores motivacionales, por lo que forman parte de la propia persona. En cuanto los factores extrínsecos, se consideran ajenos a la persona.

3. **Al nivel de deseo de una persona por alcanzar una determinada meta u objetivo se le denomina...**

   a. ... deseo.

   b. **... valencia.**

   c. ... expectativa.

   d. ... voluntad.

4. Señale la opción correcta sobre la teoría de la equidad.

a. El individuo compara lo que recibe por sus esfuerzos con lo que le gustaría recibir por la labor que realiza.

b. El individuo compara las recompensas percibidas por sus esfuerzos con la recibida por otra persona que realiza una labor similar.

c. Los individuos se sienten motivados si comprueban que reciben más por su trabajo que los otros compañeros.

d. La empresa trata a los trabajadores de manera igualitaria sean del puesto que sean.

5. Complete la siguiente oración.

Según Skinner, para crear comportamientos deseables en la empresa, se ha de trabajar sobre **conductas** y **sus consecuencias**.

6. ¿Por qué la motivación económica no puede ser la base de una política motivacional en la empresa?

a. Porque cualquier empresa puede contraofertar salarios mejores a los trabajadores competentes.

b. Porque el 90 % de las decisiones que se toman tienen una motivación emocional y no racional.

c. Porque las personas buscan cubrir sus necesidades fisiológicas básicas antes que buscar satisfacer las económicas.

d. Porque se ha demostrado que la motivación económica es efímera y deja de tener efecto a ciertos niveles económicos.

7. Según McClelland, las necesidades de las personas se pueden dividir en...

a. ... primarias, secundarias y terciarias.

b. ... logro, poder y afiliación.

c. ... fisiológicas, pertenencia y logro.

d. ... económicas, no dinerarias y poder.

8. **Para Ouchi, la vida personal de los trabajadores está vinculada a su vida laboral, por ello las empresas se han de preocupar por la vida de sus empleados. ¿Cuál es esta teoría?**

     a. Teoría del bienestar.
     b. Teoría J.
     c. Teoría E.
     d. Teoría Z.

9. **¿Qué tipos de necesidades de reconocimiento se pueden encontrar en la teoría de Maslow y cuáles son sus diferencias?**

Se pueden encontrar dos tipos de necesidades. Por un lado, las necesidades de reconocimiento inferior y, por otro lado, las necesidades de reconocimiento superior.

La principal diferencia entre ambas radica en que para las necesidades de reconocimiento inferior se necesita de un tercero que valore a la persona y reconozca su valía, mientras que para las necesidades de reconocimiento superior, es la propia persona la que se valora a sí misma y se da valor, generando sentimiento de confianza, libertad, etc.

10. **¿Qué diferencias se pueden encontrar entre la teoría Y y la teoría X de McGregord en cuanto a la consideración de los trabajadores?**

La visión del líder con respecto a sus trabajadores es diferente. Mientras que en la teoría X los miembros del grupo son considerados como trabajadores vagos y mediocres, en la teoría Y se considera que el personal se esfuerza por lograr buenos resultados y está motivado en su puesto de trabajo.

Solucionario Capítulo 5

1. **Atendiendo a los diferentes estudios, ¿qué tipos de conflictos existen y cuál o cuáles se podrían estimular?**

   Existen tres tipos de conflictos: personales, de tareas e intrapersonales.

   De los citados, solo sería aconsejable estimular el conflicto de tareas, ya que de este pueden salir soluciones beneficiosas para la empresa, como pueden ser: procesos más eficientes, mayor creatividad de los trabajadores, etc.

2. **De las técnicas de resolución extrajudicial de conflictos estudiadas, ¿en cuál de ellas resuelve un tercero el conflicto y es de obligado cumplimiento para las partes?**

   a. Negociación.
   b. Mediación.
   c. Arbitraje.
   d. Conciliación.

3. **Complete la siguiente oración.**

   Al tipo de negociador que percibe la cooperación de manera necesaria en la negociación, dejando en un segundo plano la **competición,** se le conoce como negociador **prosocial.**

4. **Señale la opción correcta.**

   a. La huelga puede llevarse a cabo en cualquier momento de manera impro-visada.
   b. El cierre patronal se puede aplicar cuando exista peligro de violencia para las personas o daño grave para las cosas.
   c. El cierre patronal se puede llevar a cabo en el mismo momento de decla-ración de la huelga.
   d. La huelga es obligatoria para todos los trabajadores convocados.

5. La comunicación efectiva es...

    a. ... la realización de grandes discursos motivadores para la plantilla de trabajadores con un lenguaje muy técnico.

    b. ... aquella con la que se logra transmitir el mensaje o la idea deseada a través de la elección de los canales y el uso de destrezas adecuadas.

    c. ... el proceso a través del cual dos o más personas transmiten información a través de canales establecidos.

    d. ... la comunicación transmitida de superiores a puestos base para la realización de una tarea.

6. ¿Qué habilidad se desarrollaría si se parte de la base de respetar las ideas, creencias o prácticas de los demás cuando son diferentes o contrarias a las propias?

    a. Comunicación efectiva.

    b. Empatía.

    c. Orientación a la tolerancia.

    d. Cooperación y colaboración.

7. Identifique qué tipo de negociadores se pueden encontrar en los siguientes casos:

    a. Nosotros pedimos 400 € de aumento y vosotros ofrecéis 200 €. Podríamos buscar un punto intermedio, 300 €, en el que ambos cedamos y consigamos desbloquear la negociación. **Negociador prosocial.**

    b. Las posiciones están muy alejadas unas de otras, vamos a tomarnos un receso para pensar las posturas de cada uno y volver a sentarnos a negociar. **Negociador prosocial.**

    c. La empresa es mía y estas son mis condiciones. Esto es lo que hay, si estás interesado, bien, y si no, busco a otro. **Negociador egoísta.**

    d. La legislación es clara, por circunstancias excepcionales como estas, tenéis que trabajar más horas por el mismo precio. Si no lo hacéis, iré preparando el despido. **Negociador egoísta.**

8. **¿Qué opciones tendrá el líder a la hora de enfrentarse a un conflicto personal dominado por las emociones?**

Tendrá dos opciones:

- Manejar las emociones regulando los estados emocionales, algo que resulta de gran complejidad.
- Separar las emociones del problema para trabajar el conflicto con datos y hechos objetivos.

9. **Para dar resolución a un conflicto, ¿qué se espera de las partes implicadas en el mismo?**

   a. Que una parte lo alargue en el tiempo para agotar a la otra y sacar el máximo beneficio.
   b. **Que ambas partes se encuentren dispuestas a colaborar y cooperar para solucionar el conflicto.**
   c. Que solo acepten la solución de un tercero independiente.
   d. Que ninguno esté dispuesto a llegar a un acuerdo que no sea el que ellos proponen.

10. **¿Cuál de las siguientes técnicas de resolución de conflictos puede ser considerada como extrajudicial?**

    a. Mediación y conciliación.
    b. Arbitraje.
    c. Negociación.
    d. **Todas las opciones son correctas.**

Solucionario Capítulo 6

1. **Las razones para propiciar un cambio por parte de la empresa pueden ser:**

   a. Convicción.
   b. Necesidad.
   c. Oportunidad.
   d. **Todas las opciones son correctas.**

2. **Cuando se dice que en el proceso de cambio se han de tener presentes diferentes fuerzas, se está haciendo mención a...**

   a. **... fuerzas internas y externas.**
   b. ... fuerzas internas y fuerza estatal.
   c. ... presiones de los *stakeholder.*
   d. Todas las opciones son correctas.

3. **Complete la siguiente oración.**

   La fase en la que se desarrollan las acciones que pretenden cambiar el sistema establecido, también conocida como fase de **avance,** hace referencia a la fase de **trabajo** para lograr el cambio.

4. **Señale la opción correcta.**

   a. La negación es la etapa del ciclo emocional de mostrar disconformidad con el cambio.
   b. **La negociación es la etapa del ciclo emocional de aceptación del cambio que se está produciendo.**
   c. La etapa de depresión viene precedida por la de negación, y mantienen correlaciones.
   d. La aceptación o rechazo es la primera etapa del ciclo emocional que surge tras comunicar la noticia a los implicados.

5. De los siguientes estados, ¿cuál o cuáles corresponderían a la zona de miedo?

    a. Preparación para adquirir nuevas habilidades.
    b. Recelos sobre los fines que persigue el cambio.
    c. Control de las habilidades y variables que puedan sobrevenir.
    d. Adquisición de nuevas habilidades y control del medio.

6. ¿Qué se entiende por zona de confort?

Es aquella zona en la que los individuos se encuentran seguros por controlar la mayoría de las variables que se pueden encontrar, y donde dominan las tareas que realizan.

7. El líder, como gestor del cambio, ha de reunir una serie de apoyos para llevar a cabo el proceso, además de...

    a. ... crear necesidad de cambio.
    b. ... desarrollar y comunicar una visión clara.
    c. ... obligar a las personas a superar etapas.
    d. Las opciones a y b son correctas.

8. ¿Por qué se dice que es importante establecer objetivos a corto plazo si el cambio que se realiza es a medio o largo plazo?

Resulta importante establecer objetivos a corto plazo porque se han de dar pequeños pasos para conseguir grandes cambios, y estos pequeños pasos animan a las personas a continuar con el proceso marcado, porque se observa que es factible la consecución del cambio.

9. De los siguientes problemas planteados, ¿cuál de ellos no se reconoce como un verdadero inconveniente al cambio?

    a. No se reconoce la necesidad de cambio.
    b. Razones económicas.
    c. Miedo a lo desconocido.
    d. Temor a los problemas técnicos y organizacionales que plantea.

10. **¿Podría la inteligencia emocional ser de utilidad para gestionar el cambio? Razone su respuesta.**

Sí, en concreto en el tema se ha tratado desde la técnica de la visualización, mediante la cual se pretende cambiar el sistema de creencias negativas en positivas de las personas implicadas en el cambio.

Función del mando intermedio en la Prevención de Riesgos Laborales

Solucionario Capítulo 1

1. **Defina el concepto de accidente de trabajo según el artículo 156 de la Ley General de la Seguridad Social.**

   Toda lesión corporal que el trabajador sufre con ocasión o por consecuencia del trabajo que ejecute por cuenta ajena.

2. **Complete la siguiente frase:**

   La gravedad de un riesgo profesional depende de **la posibilidad de que se produzca y de lo severo que pueda ser.**

3. **Se consideran principios generales de la prevención:**

   a. **Adaptar el trabajo a la persona y aplicar la evaluación de la técnica.**
   b. Mirar por la salud de los trabajadores.
   c. Sustituir lo peligroso por lo que no entrañe peligro y aplicar medidas de prevención individual antes que colectiva.
   d. Analizar los riesgos en su desarrollo y no en su origen.

4. **Enumere al menos tres condiciones de seguridad en el trabajo:**

   Características de los locales, la maquinaria, las instalaciones.

5. **Señale cuál de los siguientes conceptos están relacionados con la organización del trabajo.**

   a. **Tareas a efectuar**
   b. Manipulación de cargas
   c. Nivel de atención
   d. **Ritmos de ejecución**
   e. **Horarios**

6. Rellene los huecos en la siguiente frase:

La Higiene industrial estudia la **identificación,** valoración y corrección de **factores** físicos, químicos y **biológicos** presentes en el ambiente de trabajo.

7. Manifieste si está de acuerdo o no con esta afirmación y justifíquelo.

Se considera accidente de trabajo el sufrido por un recepcionista, al caer de una escalera, cambiando las bombillas de la lámpara del hall de entrada al hotel por expresa indicación de la Dirección.

Se trata de un accidente de trabajo, ya que aunque se ha producido en el desarrollo de una actividad que no le correspondía al trabajador por no coincidir en su categoría ni en sus funciones, había sido indicada su realización por la Dirección de la empresa, tal y como indica el artículo 115 de la Ley general de la Seguridad Social.

8. ¿El capítulo IV de qué Ley desarrolla los servicios de Prevención?

De la Ley de Prevención de Riesgos Laborales.

Solucionario Capítulo 2

1. **Defina el concepto de Sistema de gestión de la prevención.**

   El conjunto de acciones que permiten un cumplimiento organizado y estructurado de las obligaciones legales en prevención de riesgos laborales.

2. **Enumere al menos tres de las acciones integradoras del mando intermedio.**

   Velar por su salud y seguridad, mediante el cumplimiento de las medidas de prevención establecidas.

   Utilizar correctamente los medios de protección individual que le sean facilitados por la empresa.

   Informar de inmediato de cualquier situación que a su juicio entrañe riesgos.

3. **Complete la siguiente frase:**

   En el apartado **2** del artículo **29** de la ley de prevención de riesgos laborales, se describen las **obligaciones** de los trabajadores en materia de **prevención**.

4. **¿Qué articulo de la ley de prevención de riesgos laborales 31/1995 establece la norma sobre información, consulta y participación en materia de prevención?**

   El artículo 18.

5. **Complete el artículo 19 de la ley 31/1995 LPRL.**

   El **empresario** debe **garantizar** que cada trabajador reciba la **formación**, teórica, práctica **suficiente** y adecuada en relación a la prevención de **riesgos**.

6. Cite al menos dos de las premisas en las que se basan los instrumentos para la prevención.

Conocimiento y control de la normativa.

Consultas y recomendaciones a los responsables de salud y seguridad, delegados de prevención, etc.

7. Señale al menos tres de las recomendaciones citadas en el capítulo para la integración de la prevención en el equipo de trabajo.

Insistir a nuestros colaboradores de la absoluta importancia de la aplicación de las normas preventivas.

Hacerles partícipes en la toma de decisiones al respecto.

Establecer distribuciones de tareas equilibradas, adaptándolas a las capacidades y responsabilidades de los trabajadores a nuestro cargo.

Solucionario Capítulo 3

1. **Señale los tres procesos que deberemos tener en cuenta para el análisis del riesgo.**

   ■ Identificar los peligros.
   ■ Evaluar los riesgos
   ■ Implantar y mantener al día las medidas de control.

2. **La evaluación general de riesgos incluye los siguientes aspectos: clasificación de las actividades de trabajo, análisis de riesgos y valoración de riesgos. ¿Cuáles faltan en esta lista?**

   ■ Preparación de un Plan de control de riesgos.
   ■ Revisión del plan.

3. **Complete la siguiente frase:**

   La ley de **Prevención de Riesgos Laborales 31/1995 en** su artículo **23.1** incluye un modelo de formato para la **evaluación general de riesgos laborales.**

4. **Describa brevemente los dos principales métodos de evaluación.**

   Método de lista de chequeo o comprobación. En el que se utilizan unos listados de comprobación donde se contestan a unas preguntas elaboradas de antemano, o simplemente se completa una serie de puntos. Se deben considerar todos los aspectos que puedan afectar a la prevención.

   Método Fine. Que se centra en el nivel de peligrosidad, el nivel de exposición al peligro y la probabilidad de que suceda el accidente.

5. **Cite cuáles son los principales objetivos del registro como documentación preventiva.**

   Facilitar la toma de decisiones.

   Ser la mejor forma de autocontrol del proceso de prevención, estableciendo la correcta retroalimentación.

6. **El análisis y la especificación de todos los riesgos detectados se realiza en la fase de:**

        a. En la propia auditoria presencial.
        b. En la fase anterior a la auditoria.
        c. En la fase posterior a la auditoria.

7. **Defina el plan de emergencia.**

Planificación de acciones y la organización de medios humanos para el empleo óptimo de los medios técnicos previstos con el fin de reducir al mínimo las pérdidas humanas y económicas que se puedan derivar de una situación de emergencia.

8. **Desarrolle al menos cuatro de los consejos necesarios en el plan de evacuación.**

Al salir de una dependencia incendiada debemos ir cerrando todas las puertas a nuestro paso, con el fin de evitar que el fuego o la explosión se propaguen.

Avisar a los bomberos de forma inmediata, aunque pensemos que el incendio es de fácil extinción.

Asegurarnos de que los equipos de emergencia están efectuando su cometido.

No perder el tiempo en recuperar objetos personales o de valor.

Solucionario Capítulo 4

1. **Señale al menos tres recomendaciones para mantener el orden y la limpieza en el centro de trabajo.**

   No sobrecargar estanterías ni zonas de almacenamiento.

   Herramientas y utensilios de trabajo deben ser ordenados de forma correcta.

   Los deshechos productos del trabajo deben ser depositados en los contenedores destinados a ello.

2. **Complete el siguiente texto.**

   La señalización de **emergencia** tiene como finalidad llamar la **atención** de los trabajadores sobre la **existencia** de determinados **riesgos**.

3. **El riesgo y manipulación de productos químicos dependerá de tres factores.**

   a. Tipo de contaminante, tipo de reacción química y tiempo de exposición.
   b. Reacción química, tiempo de reacción y concentración del producto.
   c. Tipo de contaminante, concentración del producto y tiempo de exposición.

4. **Defina brevemente en qué consiste la protección activa frente a incendios.**

   Implica actuaciones de forma directa en la utilización de aquellas instalaciones y medios de protección en la lucha contra incendios, tales como extintores, mangueras, pulverizadores.

5. **Por normativa, ¿cuál debe ser la temperatura del lugar de trabajo en oficinas?**

   a. De 20 a 29 °C
   b. De 19 a 28 °C
   c. De 17 a 27 °C
   d. De 16 a 26 °C

6. **Realice un esquema básico de cuáles son los efectos no auditivos del ruido.**

Efectos no auditivos: cardiovasculares, digestivos, endocrinos respiratorios, visuales y sobre el sistema nervioso general.

7. **¿En qué etapa del sueño se recupera el individuo de la carga física?**

En la primera fase del sueño o sueño profundo.

8. **Defina el concepto de EPI y cite al menos dos para el riesgo de incendio.**

Definíamos EPI o equipo de protección individual como el equipo destinado a ser llevado o sujetado por el trabajador para que le proteja de uno o varios riesgos que puedan amenazar su seguridad o su salud, así como cualquier complemento o accesorio destinado a tal fin.

Los específicos contra incendios pueden ser las máscaras de protección contra incendios, el vestuario ignífugo y la manta térmica.

Solucionario Capítulo 5

1. **Las siglas PAS atienden a:**

   a. Prevenir, atender y salvar.
   b. Proteger, ayudar y socorrer.
   c. **Proteger, avisar y socorrer.**
   d. Proteger, avisar y salvar.

2. **Señale cuál de las afirmaciones en referencia a la evaluación primaria son correctas:**

   a. **Comprobamos si existe pulso carotídeo y si el afectado respira.**
   b. Comprobamos las lesiones medulares.
   c. **Comprobaremos si se han producido hemorragias y el estado de consciencia.**
   d. Comprobando el pulso de vena en la muñeca.

3. **Señale si la afirmación del párrafo inferior está en lo cierto o no.**

   Las quemaduras de tercer grado no duelen.

   ☑ **Verdadero**
   ☐ Falso

4. **Complete la siguiente frase.**

   Un adulto que presenta ambos brazos quemados, presenta un porcentaje del 18% de quemaduras y su pronóstico es **muy grave.**

5. **Describa las hemorragias arteriales.**

   Las hemorragias arteriales se identifican porque la sangre es de color rojo vivo ya que es muy rica en oxígeno, y sale a borbotones o a golpes, coincidiendo con el ritmo cardíaco.

6. **Enumere las medidas a tener en cuenta en caso de intoxicación por inhalación.**

   ▪ Sacar al intoxicado al exterior.
   ▪ Mantener despejada la vía aérea.
   ▪ Trasladarlo al Centro sanitario más próximo.
   ▪ Realizar RCP si fuera necesario.

7. **En referencia a la siguiente afirmación elija la opción más correcta.**

   a. Los mandos intermedios deben proporcionar a los clientes aquellos medicamentos que nos soliciten, ya que cuanto mejor sea nuestro trato, mayor será su satisfacción.
   b. **La mayoría de empresas hoteleras no permite que sus recepcionistas den medicamentos a sus huéspedes. No somos farmacias, ni tampoco médicos.**
   c. Los analgésicos, calmantes y antihistamínicos no presentan contraindicaciones.
   d. Cuanto mayor sea el abanico de medicamentos de un hotel, mayor será el campo de aplicación en caso de emergencia.

8. **Defina el concepto de epistaxis.**

   Se conoce como epistaxis a la hemorragia nasal. Puede ser producida por un golpe o un desgaste de la mucosa.

9. **Rellene los huecos vacíos en la siguiente frase.**

   La posición de **Trendelemurg**, es idónea para **transportar** a un afectado por *shock*.

10. **En caso de que un solo reanimador se ocupe de una RCP, ¿cuál debe ser la proporción entre insuflaciones y masajes?**

    De 30 masajes por cada 2 insuflaciones, al repetir el ciclo cuatro veces, comprobaremos si se han recuperado las constantes vitales.

Sistemas de archivo y clasificación de documentos

Solucionario Capítulo 1

1. En la siguiente tabla coloque una X en el tipo de archivo más adecuado teniendo en cuenta la frecuencia de utilización.

	Activo	Semiactivo	Definitivo
Documentación recién llegada a la oficina.	X		
Documentos que casi no se consultan.		X	
Documentos que se guardan como parte de la historia de la organización.			X
Expedientes de clientes de hace 30 años.			X
Declaraciones de renta de años anteriores.		X	
Copias de las nóminas de los trabajadores.	X		

2. ¿Qué diferencia existe entre un archivo centralizado y un archivo descentralizado?

En un archivo centralizado todos los documentos de la empresa están ubicados en un mismo lugar y en el archivo descentralizado los documentos se encuentran en diferentes secciones de la empresa.

3. Determine la palabra ordenatriz y establezca el correcto orden alfabético de los siguientes nombres:

Nombre y apellidos	Palabra ordenatriz	Clasificación alfabética
Raquel Campos Barba	Cosío	Álvarez Cosío, Rosa
Rosa Álvarez Cosío	Medina	Álvarez Medina Ramón
David Campos Bordón	Barba	Campos Barba, Raquel
Ramón Álvarez Medina	Bordón	Campos Bordón, David
Ricardo Higueras Rojo	Alcocer	Higueras Alcocer, Ramona
Fuencisla Topete Amor	Almudena	Higueras Rojo, Almudena
Fernando Topete Amor	Ricardo	Higueras Rojo, Ricardo
Francisco Sánchez Tomé	Sánchez	Sánchez Tomé, Francisco
Almudena Higueras Rojo	Fernando	Topete Amor, Fernando
Ramona Higueras Alcocer	Fuencisla	Topete Amor, Fuencisla

4. ¿Qué se entiende por clasificación por materias?

Corresponde al sistema de registro y clasificación temático, que consiste en agrupar la documentación por la materia o asunto a la que se refiere para después ordenar cada uno de estos grupos siguiendo el criterio alfabético, numérico o cronológico.

5. Realice las clasificaciones numérica, alfabética, alfanumérica, cronológica y geográfica de los alumnos matriculados en un instituto que se muestran a continuación:

N.º Expediente	Alumno/a	Curso	Fecha nacimiento	Lugar nacimiento
8745	Ramos Sánchez Aurora	1º ESO	25/10/96	Soria
9001	Martín Antón Luis	I.P.	24/05/91	Palencia
8645	Saín Suárez Julia	2º ESO	15/01/96	Valladolid
8769	Vicente Martín Jaime	4º ESO	15/12/97	Madrid
8965	Esteban Rubio Pedro	1º ESO	25/06/96	Madrid
8974	Gómez Mateo Andrea	I.P.	06/09/90	Soria
8735	Fernández Sanz Ana	1º ESO	03/06/96	Palencia
8896	Martín Álvarez Lucía	I.P.	18/07/92	Soria

Pasos a seguir:

1. Se deberá confeccionar con el procesador de textos, hoja de cálculo o de forma manual una ficha para los datos de cada alumno como la siguiente:

N.º Expediente: Curso:

Alumno/a:

Fecha de nacimiento: Lugar de nacimiento:

2. Imprimir cada ficha en tamaño cuartilla si se han realizado en un procesador de textos u hoja de cálculo.
3. Ordenar las fichas según los criterios que se indican a continuación y comprobar que el resultado es el mismo que cuando se realiza la clasificación a través del ordenador.

Criterios de clasificación:

- Numérica por el n.º de expediente.
- Alfabética por el primer apellido.
- Temática por curso.
- Cronológica por fecha de nacimiento.
- Geográfica por lugar de nacimiento.

Pasos a seguir:

1. El resultado de las fichas debe ser aproximadamente como las que se muestran a continuación:

N.º Expediente: **8745**   Curso: **1º ESO**

Alumno/a: **Ramos Sánchez Aurora**

Fecha de nacimiento: **25/10/96**   Lugar de nacimiento: **Soria**

N.º Expediente: **9001**   Curso: **I.P.**

Alumno/a: **Martín Antón Luís**

Fecha de nacimiento: **24/05/91**   Lugar de nacimiento: **Palencia**

N.º Expediente: **8645**   Curso: **2º ESO**

Alumno/a: **Saín Suárez Julia**

Fecha de nacimiento: **15/01/96**   Lugar de nacimiento: **Valladolid**

N.º Expediente: **8769**   Curso: **4º ESO**

Alumno/a: **Vicente Martín Jaime**

Fecha de nacimiento: **15/12/97**   Lugar de nacimiento: **Madrid**

N.º Expediente: **8965**   Curso: **1º ESO**

Alumno/a: **Esteban Rubio Pedro**

Fecha de nacimiento: **25/06/96**   Lugar de nacimiento: **Madrid**

N.º Expediente: **8974**   Curso: **I.P.**

Alumno/a: **Gómez Mateo Andrea**

Fecha de nacimiento: **06/09/90**   Lugar de nacimiento: **Soria**

N.º Expediente: **8735**   Curso: **1º ESO**

Alumno/a: **Fernández Sanz Ana**

Fecha de nacimiento: **03/06/96**   Lugar de nacimiento: **Palencia**

N.º Expediente: **8896**   Curso: **I.P.**

Alumno/a: **Martín Álvarez Lucía**

Fecha de nacimiento: **18/07/92**   Lugar de nacimiento: **Soria**

2. Imprimir cada ficha en tamaño cuartilla si se han realizado en un procesador de textos u hoja de cálculo.
3. Ordenar las fichas según los criterios que se indican a continuación y comprobar que el resultado es el mismo que cuando se realiza la clasificación a través del ordenador.

Criterios de clasificación:

▮ Numérica por el nº de expediente. En la opción o botón Ordenar, dentro del documento en que se encuentren los datos del alumnado, se selecciona la tabla donde están los mismos (en este caso, también es posible seleccionar solo la columna Nº de expediente porque no se repiten).

Se hace clic en el botón Ordenar, en el cuadro de diálogo que aparece; por defecto los valores son: ordenar por columna 1, tipo numérico: Ascendente. Se pincha en el botón Aceptar. El resultado es:

N.º Expediente	Alumno/a	Curso	Fecha nacimiento	Lugar nacimiento
8645	Saín Suárez Julia	2º ESO	15/01/96	Valladolid
8735	Fernández Sanz Ana	1º ESO	03/06/96	Palencia
8745	Ramos Sánchez Aurora	1º ESO	25/10/96	Soria
8769	Vicente Martín Jaime	4º ESO	15/12/97	Madrid
8896	Martín Álvarez Lucía	I.P.	18/07/92	Soria
8965	Esteban Rubio Pedro	1º ESO	25/06/96	Madrid
8974	Gómez Mateo Andrea	I.P.	06/09/90	Soria
9001	Martín Antón Luís	I.P.	24/05/91	Palencia

▌ Alfabética por el primer apellido. Se copia la tabla. Se selecciona la columna Alumno/a. Se hace clic en el botón ordenar, en el cuadro de diálogo que aparece, los valores son: ordenar por alumno, tipo texto: Ascendente. Pinchamos en el botón Aceptar. El resultado es:

N.º Expediente	Alumno/a	Curso	Fecha nacimiento	Lugar nacimiento
8965	Esteban Rubio Pedro	1º ESO	25/06/96	Madrid
8735	Fernández Sanz Ana	1º ESO	03/06/96	Palencia
8974	Gómez Mateo Andrea	I.P.	06/09/90	Soria
8896	Martín Álvarez Lucía	I.P.	18/07/92	Soria
9001	Martín Antón Luís	I.P.	24/05/91	Palencia
8745	Ramos Sánchez Aurora	1º ESO	25/10/96	Soria
8645	Saín Suárez Julia	2º ESO	15/01/96	Valladolid
8769	Vicente Martín Jaime	4º ESO	15/12/97	Madrid

▌ Temática por curso. Se copia la tabla. Se seleccionan todos los campos de la tabla. Se hace clic en ordenar; en el cuadro de diálogo que aparece, por defecto los valores son: ordenar por curso, tipo texto: Ascendente, luego por Alumno/a, tipo texto, Ascendente. Pinchamos el botón Aceptar. El resultado es:

N.º Expediente	Alumno/a	Curso	Fecha nacimiento	Lugar nacimiento
8965	Esteban Rubio Pedro	1º ESO	25/06/96	Madrid
8735	Fernández Sanz Ana	1º ESO	03/06/96	Palencia
8745	Ramos Sánchez Aurora	1º ESO	25/10/96	Soria
8645	Saín Suárez Julia	2º ESO	15/01/96	Valladolid
8769	Vicente Martín Jaime	4º ESO	15/12/97	Madrid
8974	Gómez Mateo Andrea	I.P.	06/09/90	Soria
8896	Martín Álvarez Lucía	I.P.	18/07/92	Soria
9001	Martín Antón Luís	I.P.	24/05/91	Palencia

▌ Cronológica por fecha de nacimiento. Se copia la tabla, se selecciona la columna Fecha de nacimiento y se procede como en los ejemplos anteriores. El resultado es el siguiente:

N.º Expediente	Alumno/a	Curso	Fecha nacimiento	Lugar nacimiento
8974	Gómez Mateo Andrea	I.P.	06/09/90	Soria
9001	Martín Antón Luís	I.P.	24/05/91	Palencia
8896	Martín Álvarez Lucía	I.P.	18/07/92	Soria
8645	Saín Suárez Julia	2º ESO	15/01/96	Valladolid
8735	Fernández Sanz Ana	1º ESO	03/06/96	Palencia
8965	Esteban Rubio Pedro	1º ESO	25/06/96	Madrid
8745	Ramos Sánchez Aurora	1º ESO	25/10/96	Soria
8769	Vicente Martín Jaime	4º ESO	15/12/97	Madrid

I Geográfica por lugar de nacimiento. Se copia la tabla. Se seleccionan todos los campos de la tabla. Se hace clic en ordenar; en el cuadro de diálogo que aparece, por defecto los valores son: ordenar por Lugar de nacimiento, tipo texto: Ascendente, luego por alumno/a tipo texto: Ascendente. Pinchamos en el botón Aceptar. El resultado es:

N.º Expediente	Alumno/a	Curso	Fecha nacimiento	Lugar nacimiento
8965	Esteban Rubio Pedro	1º ESO	25/06/96	Madrid
8769	Vicente Martín Jaime	4º ESO	15/12/97	Madrid
8735	Fernández Sanz Ana	1º ESO	03/06/96	Palencia
9001	Martín Antón Luís	I.P.	24/05/91	Palencia
8974	Gómez Mateo Andrea	I.P.	06/09/90	Soria
8896	Martín Álvarez Lucía	I.P.	18/07/92	Soria
8745	Ramos Sánchez Aurora	1º ESO	25/10/96	Soria
8645	Saín Suárez Julia	2º ESO	15/01/96	Valladolid

6. **Indique cuáles son los recursos materiales más habituales para el archivo documental.**

I Carpetas: sencillas y colgantes.
I Carpeta archivador: Tipo A-Z, de proyecto, de fuelle y de archivo definitivo.
I Mobiliario: Archivador, estanterías, armario para carpetas colgantes, armario rotativo y bandejas de sobremesa.

7. **¿Cuál de estos instrumentos no se utiliza en un archivo de gestión?**

a. Cuadro de clasificación.
b. Registro de transferencias.
c. **Instrumentos de descontrol.**
d. Instrumentos de búsqueda.

8. ¿En qué aspectos debe centrarse el plan de actuación de un archivo de gestión?

Debe centrarse en los siguientes aspectos:

- Elaborar un cuadro de clasificación general.
- Diseñar el recorrido de la documentación, para que la organización y traslado al archivo se haga regularmente y de forma ordenada.
- Estimar la dimensión documental existente y los aumentos habituales de documentación, para así poder averiguar las necesidades de espacio del archivo.
- Diseñar métodos, según las particularidades de los documentos a archivar, para la recuperación de los mismos.

9. Complete la siguiente frase:

Para definir la estructura más adecuada de una organización hay que tener en cuenta el tipo de **actividad** y la **cantidad** de **personas** a la que atenderá.

10. Enumere las etapas a seguir para registrar y codificar un documento.

Recepción, registro, distribución, clasificación y codificación.

11. Indique si las siguientes normas de seguridad y acceso al archivo son verdaderas o falsas:

a. No se identificará al personal autorizado a acceder al archivo.

☐ Verdadero
☑ **Falso**

b. Deben establecerse claves que impidan a personas no autorizadas el acceso a los archivos informáticos.

☑ **Verdadero**
☐ Falso

c. Deben tenerse actualizados los programas antivirus con el fin de que los ordenadores no se infecten.

☑ **Verdadero**
☐ Falso

d. No se harán copias de seguridad de la información en archivos informáticos.

☐ Verdadero
☑ **Falso**

12. Marina García Espejo, del Departamento de Ventas de Hermanos Guerrero S. L., busca la factura 347, de 12 de julio, del cliente Antonio Moreno Berral, para rectificarla, porque las mercancías que devolvió por mal estado no se le han podido restituir. Confeccionar el impreso de solicitud de préstamo, sabiendo que la factura se la entregan el 23 de septiembre y que el plazo de consulta es cuatro días.

**FICHA DE SOLICITUD DE CONSULTA O PRÉSTAMO
DE UN DOCUMENTO DEL ARCHIVO**

Solicitante	Solicitud N.º: 1	Fecha del archivo: 23/09/20xx
	Plazo de consulta: 4 días	Fecha de devolución:

Departamento del solicitante: Marina García Espejo

Nombre del solicitante: Departamento de ventas

SOLICITA:

Consulta ☐ Préstamo ☒

Expedición de copias ☐ Prórroga préstamo ☐ días

Nº	Descripción documental	Fecha documento	Datos archivo	Observaciones
1	Fra. n.º 347, cliente Antonio Moreno Berral	12/07/20xx		

Firma del solicitante:

Firma y sello del encargo del archivo:

13. Indique para qué sirve un manual de archivo.

El manual de archivo sirve como guía y como documento de consulta para todas las personas que hagan uso de los documentos que conserva el archivo y así lo soliciten, así como todas las decisiones que fueron tomadas a lo largo del proceso de creación y mantenimiento del archivo.

14. ¿Qué permite un índice?

    a. Conocer qué y dónde se encuentra la documentación.
    b. Evita duplicados.
    c. Muestra si la estructura que se ha ideado es coherente con las necesidades de la organización.
    d. Todas las opciones son correctas.

15. ¿Qué aspectos son claves en la elaboración de un flujograma?

- El proyecto previo a la elaboración necesita una descripción evidente del objetivo de su progreso y la creación del resultado de dicho proceso.
- El flujograma tiene que manifestar exactamente el procedimiento real en análisis.
- Se debe emplear una simbología y metodología común para todos los flujogramas, de esta forma se facilita la interpretación de los mismos y la realización por parte de todos los responsables de su desarrollo.

Solucionario Capítulo 2

1. **Enumere las principales características de un sistema operativo.**

Conveniencia, eficacia, progreso, gestiona el *hardware,* administra dispositivos, estructura los datos para acceso rápido y seguro, gestiona las comunicaciones en red, posibilita que se pueda compartir el *hardware* y los datos entre los usuarios, permite al usuario el acceso y uso de los dispositivos de Entrada/Salida del ordenador e impide que los usuarios se obstaculicen entre sí.

2. **En un sistema operativo multitarea...**

    a. ... se ejecuta un solo programa a la vez.
    b. ... solo se permite trabajar a un usuario.
    c. ... se permite ejecutar varias tareas o programas al mismo tiempo.
    d. ... las tareas se excluyen en el uso del procesador.

3. **Indique cuáles son las propiedades de los directorios o carpetas.**

Nombre, ubicación, tamaño, fecha de creación, modificación y último acceso, atributos y permisos.

4. Los periféricos pueden ser de diferentes tipos: de entrada de la información, de salida o de entrada/salida. Clasifique los siguientes periféricos y soportes según su tipo colocando una X donde corresponda.

Periféricos	Entrada	Salida	Entrada/Salida
Teclado	X		
Impresora		X	
Ratón	X		X
Disco duro			
Altavoces		X	
Monitor		X	
DVD			X

5. ¿Qué se entiende por *software* libre?

Son programas que tienen evidentes libertades y obligaciones que incorporan: libertad de utilización (en el programa como en su código) y permite ser copiado y distribuido por cualquiera. La distribución del mismo puede ser de tipo licencia BSD (libertad de distribución a código cerrado) o GPL (distribución total, pero con las condiciones de tener el código abierto).

6. ¿Qué memoria pierde la información cuando se deja de suministrar corriente al equipo?

La memoria RAM, su contenido se pierde cuando el ordenador se apaga.

7. Indique gráficamente la jerarquía de memoria que se establece en base a los tiempos de acceso y capacidad disponible de cada una.

8. En un sistema operativo multiusuario...

    a. ... se permite trabajar a un solo usuario.
    b. **... se permite que varios usuarios ejecuten sus programas a la vez.**
    c. ... se ejecuta un solo programa a la vez.
    d. ... se permite utilizar los recursos de un solo ordenador.

9. Clasifique los siguientes elementos e indique si son de *software* o de *hardware*, colocando una X donde corresponda.

	Software	Hardware
Programas	X	
Ratón		X
Impresora		X
Disco duro		X
Documentos	X	
Teclado		X
Archivos de imagen	X	

10. ¿Cuál es la función principal de la opción Accesibilidad de un sistema operativo?

La opción de Accesibilidad se ha desarrollado e implementado en los sistemas operativos primordialmente para facilitar el uso del ordenador y hacerlo más cómodo, procurando el acceso sin barreras a personas con determinadas dificultades físicas o a distintos tipos de usuarios.

11. ¿Qué se entiende por protocolo de comunicación?

Los protocolos de comunicación son como normas que proporcionan el tráfico de información entre diferentes ordenadores que emplean lenguajes distintos; por lo tanto, es necesario que los ordenadores que estén conectados a una misma red hablen el mismo idioma, es decir, que si los protocolos son diferentes no podrán comunicarse nunca. Por ello, el protocolo TCP/IP fue inventado para las comunicaciones en internet; es necesario que cualquier ordenador tenga instalado este protocolo de comunicación para que se conecte a internet.

12. De las siguientes frases, indique cuál es verdadera o falsa:

a. La Ley de Protección de Datos Personales y garantía de los derechos digitales tiene como principal objetivo regular el tratamiento de los datos y ficheros de carácter personal.

☑ **Verdadera**
☐ Falsa

b. La norma de referencia en España más actual de la Ley de Propiedad Intelectual es el Real Decreto Legislativo 1/1996, de 12 de abril.

☑ **Verdadera**
☐ Falsa

c. El comercio electrónico consiste en la compra y venta de tarjetas electrónicas.

☐ Verdadera
☑ **Falsa**

d. El Código de Comercio es un conjunto de normas y preceptos que regula las relaciones mercantiles.

☑ **Verdadera**
☐ Falsa

13. ¿Qué diferencia existe entre un documento estático y otro dinámico?

Un documento estático es aquel que se caracteriza por poseer un contenido fijo e inalterable y un documento dinámico es aquel que varía en relación a las actuaciones que se han programado para él, y se va actualizando automáticamente.

14. ¿Qué tipos de virus son los más frecuentes?

▌ Gusanos: son programas maliciosos que habitan en la memoria del ordenador infectado. Se reproducen y atacan a los servidores de una red. Obstaculizan el tráfico de internet y consumen gran cantidad de recursos.
▌ Troyanos: son programas informáticos con efectos imprevisibles para el ordenador infectado. No se reproduce.
▌ Espías: son programas informáticos cuyo propósito es conseguir datos confidenciales comerciales del ordenador sin que el usuario se dé cuenta.

15. Complete la siguiente frase:

Los archivos adjuntos de **correos electrónicos** o las descargas de archivos infectados son las principales causas de **infección** para la mayoría de los ordenadores.

Solucionario Capítulo 3

1. ¿Cuáles son las utilidades principales que suponen la implantación de un sistema de gestión documental?

Permite compartir la información de la compañía de forma óptima y segura, tanto como si está ubicada en una o varias sedes; preserva el conocimiento de la organización, porque los datos fluyen; y resuelve la incertidumbre que, a menudo, pueden plantear las versiones de los documentos.

2. Un sistema de gestión documental...

    a. ... proporciona medios de almacenamiento, así como capacidades para la recuperación e indexación de los documentos electrónicos.

    b. ... significa en inglés, *Document Management System.*

    c. ... es un programa creado para gestionar grandes cantidades de documentos con seguridad.

    d. Todas las opciones son correctas.

3. ¿Qué deberá incluir el estudio previo de la organización de un centro de documentación y archivo?

- Finalidad y motivos de su existencia.
- Posibilidad de realización en un medio determinado y su funcionalidad, para prevenir que haya repetición de tareas.
- Estudio específico de las necesidades de los usuarios.
- Definición de las materias a las que se dedicará el centro para que no se encuentren dispersas sus funciones.
- Creación del método de clasificación que se utilizará.

4. ¿Qué exige previamente el funcionamiento y la organización de un centro de documentación y archivo?

Un conocimiento previo de los servicios que se van desarrollar, así como las necesidades de los usuarios.

5. **Indique cuáles son las principales funciones de un centro de documentación y archivo.**

   - Recogida de la información.
   - Procesamiento de la información.
   - Almacenamiento de la información.
   - Divulgación de la información.

6. **Los elementos que intervienen en un sistema informatizado de gestión documental son:**

   a. Los escáneres y dispositivos de digitalización.
   b. Las redes de telecomunicaciones y transmisión de datos.
   c. Las bases de datos y el *software*.
   d. Todas las opciones son correctas.

7. **En cuanto a la elección de un programa de gestión documental, ¿qué aspectos hay que tener en cuenta?**

   - La tecnología en que fueron creados los documentos, tanto de *hardware* como de *software*.
   - La utilización de estándares que puedan ser utilizados desde distintos sistemas.

8. **Complete la siguiente frase:**

   Los **escáneres** y diferentes dispositivos de digitalización se utilizan para transformar los documentos **físicos** originales en documentos **electrónicos** o **digitales** para su **almacenamiento**.

9. **Desde el punto de vista de la seguridad, ¿qué ventajas e inconvenientes supone la utilización del soporte informático frente al soporte convencional?**

   El soporte informático tiene como ventaja principal que puede ser copiado y almacenado en diferentes sitios o ubicaciones; y como inconveniente que la información o documentación puede ser copiada y eliminada por personas no autorizadas, si las medidas de seguridad no son muy elevadas.

10. De las siguientes frases, indique cuál es verdadera o falsa:

a. El Modelo Europeo de Excelencia Empresarial, conocido como Modelo EFQM, es no normativo.

☑ **Verdadero**
☐ Falso

b. La UNE-EN 15489 es una norma que regula la gestión de documentos de archivo de las organizaciones que los han producido, ya sean públicas o privadas, para clientes externos e internos.

☑ **Verdadero**
☐ Falso

c. La UNE-EN ISO 9001:2015 proporciona distintas tipologías de datos que están asociadas con un modelo de información de referencia.

☐ Verdadero
☑ **Falso**

11. El estudio de los aspectos operacionales de una actividad de trabajo es:

a. Un retorno de trabajo.
b. Un flujo de tareas dinámicas.
c. Un flujo de trabajo o *workflow*.
d. Todas las opciones son correctas.

12. ¿Con qué propósito se establecen las vigencias documentales?

❚ Establecer los tiempos máximos de conservación de archivos para lograr un manejo racional y óptimo de los mismos.
❚ Facilitar el flujo de archivos para evitar su acumulación innecesaria en oficinas.
❚ Facilitar el proceso de valoración y disposición de archivos.

13. Los niveles de seguridad generales que influyen en el procedimiento de gestión de un documento son:

    a. Privilegios básicos.
    b. Privilegios parciales.
    c. Privilegios totales.
    d. Todas las opciones son correctas.

14. ¿Por qué son de máxima importancia las copias de seguridad en una empresa u organización?

Es una excelente alternativa de ofrecer seguridad a los documentos en formato electrónico. Pueden resultar de una gran utilidad en el momento de recuperar información que pudiera haber sido eliminada de forma accidental, o por algún problema ocurrido en el ordenador, o por otras causas.

15. Complete la siguiente oración.

La facturación electrónica es un **sistema** que sustituye a la tradicional factura en **papel**. Su transmisión resulta ser un **equivalente** funcional de la factura en papel y consiste en la **transferencia** de **datos** por medios **electrónicos**.

Solucionario 9

Utilización de las bases de datos relacionales en el sistema de gestión y almacenamiento de datos

Solucionario Capítulo 1

1. **Sopa de letras. Busque seis componentes integrados en la placa base. A continuación, descríbalos.**

C	O	N	E	C	T	O	R	E	S
H	A	C	G	C	U	R	T	E	O
I	F	J	J	V	S	C	C	C	A
P	I	L	A	E	F	I	O	A	K
S	T	O	E	S	C	A	L	N	E
E	R	S	C	C	Z	U	O	K	T
T	O	Z	S	M	A	T	I	M	J
I	F	A	Z	O	C	A	L	O	S
L	P	I	L	S	O	D	F	A	A
A	R	J	A	R	I	S	W	E	A

- **Conectores**: dispositivos de conexión entre los componentes de la Unidad Central y entre los periféricos y esta. También se pueden definir los conectores de alimentación, encargados de proporcionar alimentación eléctrica a la placa base.
- **Zócalo**: sistema de soporte y conexión eléctrica cuya función es fijar el microprocesador y conectarlo con los demás componentes.
- **Chipset**: circuitos electrónicos que coordinan la transferencia de datos entre los componentes del ordenador.
- **RTC**: reloj en tiempo real. Circuito cuya función principal es sincronizar las distintas señales del sistema, regulando así la velocidad de ejecución de las instrucciones del procesador y de los periféricos internos.
- **CMOS**: pequeña memoria que almacena datos básicos y configuraciones esenciales del sistema mientras el equipo está apagado.
- **Pila**: pila de botón encargada de mantener una corriente eléctrica continua a la CMOS para evitar perder la información que almacena.

2. Indique qué características son propias de la memoria principal:

   a. **Capacidad.**
   b. Velocidad.
   c. Eficacia.
   d. **Tiempo de acceso.**
   e. Volatilidad.
   f. **No volatilidad.**
   g. **Tiempo de ciclo.**
   h. **Rendimiento.**

3. Indique si los siguientes periféricos son de entrada, de salida o mixtos:

Periféricos	Entrada/Salida/Mixtos
Monitor	**SALIDA**
Ratón	**ENTRADA**
Router	**MIXTO**
Auriculares	**SALIDA**
Impresora	**SALIDA**
Micrófono	**ENTRADA**
Hub de puertos USB	**MIXTO**
Escáner	**ENTRADA**
Pantalla táctil	**MIXTO**

4. Describa la diferencia entre *software* de sistema y *software* de aplicación.

El *software* de sistema se encarga de administrar los recursos de un ordenador para que sea eficiente, mientras que el *software* de aplicación se encarga de utilizar ciertos recursos con un fin y unos resultados concretos.

5. Enumere y describa los tipos de lenguajes de programación.

- Lenguajes interpretados: lenguaje que necesita ser traducido para que lo comprenda el procesador.
- Lenguajes compilados. lenguaje en el que las instrucciones se traducen del lenguaje máquina mediante un compilador.
- Lenguajes intermediarios: lenguaje con propiedades de los interpretados y de los compilados.

6. Indique qué tipo de red corresponde a cada una de las siguientes definiciones:

a. Redes que utilizan ondas electromagnéticas para el envío y recepción de información.
Inalámbricas.

b. Redes que contienen zonas comunicadas por cable y zonas comunicadas vía inalámbrica.
Mixtas.

c. Redes que utilizan cables para intercambiar datos.
Cableadas.

7. Indique a qué topología pertenecen las siguientes redes:

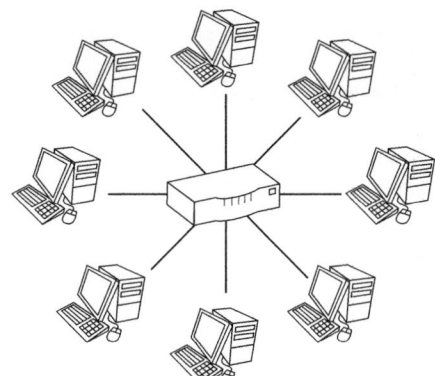

a.

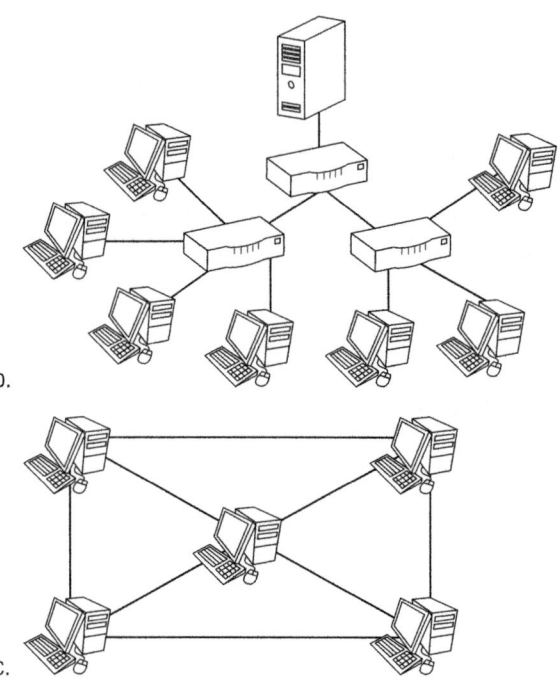

b.

c.

a. **Topología en estrella.**
b. **Topología en árbol.**
c. **Topología en malla.**

8. **Indique qué tipo de cable se corresponde con cada definición:**

a. Cable formado por dos cables de cobre aislados y entrelazados entre sí.
Cable de par trenzado.

b. Cable que consta de un cilindro transparente de cristales o materiales plásticos por el que rebotan los datos en forma de pulsos de luz.
Cable de fibra óptica.

c. Cable de cobre fino en la parte central que está cubierto por una capa de protección de plástico encargada de aislar una malla también conductora.
Cable coaxial.

9. **Encuentre en la siguiente sopa de letras los dispositivos de interconexión y conmutación de redes. Posteriormente, descríbalos.**

P	A	G	E	Y	X	A	Y	C	O
A	B	I	U	D	T	E	S	O	S
S	G	E	A	Y	U	V	L	N	P
A	R	O	T	A	D	O	D	M	S
R	M	A	P	F	T	E	H	U	B
E	R	O	U	T	E	R	S	T	A
L	M	A	E	R	G	A	T	A	O
A	R	A	N	E	Q	U	E	D	Z
V	O	L	T	A	R	A	D	O	S
R	E	P	E	T	I	D	O	R	R

- **Repetidor:** dispositivo electrónico encargado de conectar dos tramos de red.
- **Hub:** dispositivo que permite centralizar y ampliar una red.
- **Conmutador:** dispositivo con características similares al concentrador, pero que transmiten los datos de un modo más eficiente.
- **Puente:** dispositivo con dos o más puertos que se usa como repetidor inteligente.
- **Router:** dispositivo de red que conecta las redes mediante el protocolo IP, eligiendo la ruta óptima de transmisión entre el emisor y el destinatario.
- **Pasarela:** equipo configurado para proporcionar acceso a una red exterior a los demás dispositivos que pertenecen a su misma red.

10. Indique la respuesta correcta en los siguientes enunciados:

Las redes **RDSI** proceden de la red telefónica existente y facilitan conexiones digitales extremo a extremo para poder ofrecer una amplia gama de servicios.

    a. ADSL.
    b. Ethernet.
    c. RDSI.
    d. Frame Relay.

El **Frame Relay** es un método de comunicación orientado a paquetes para la conexión de sistemas informáticos. Ofrece un servicio de transmisión de voz y datos a alta velocidad que permite conectar LANs separadas geográficamente a un coste menor.

    a. ADSL.
    b. Ethernet.
    c. Frame Relay.
    d. FDDI.

11. Identifique qué siglas pertenecen a redes inalámbricas e indique a qué corresponden:

    a. WNAN.
    b. WWAN: redes inalámbricas de área extensa.
    c. WPAN: redes inalámbricas personales.
    d. WRAN.
    e. WLAN: redes locales inalámbricas.
    f. WMAN: redes metropolitanas inalámbricas.

12. Mencione y describa los protocolos de seguridad que se utilizan para encriptar los datos que circulan en la red.

    ▪ WEB: protocolo más básico que utiliza claves estáticas en las estaciones y en el punto de acceso.
    ▪ WPA: protocolo que establece claves dinámicas que varían cada cierto tiempo.
    ▪ WPA2 o IEEE 802.11i: parecido al protocolo WPA pero añade más seguridad a las transmisiones de datos mediante un nuevo algoritmo.

13. Enumere las diferencias entre las líneas conmutadas y las líneas dedicadas.

I Las líneas dedicadas están diseñadas para su uso permanente mientras que las conmutadas se utilizan para esporádicos tráficos de datos.

I Las líneas dedicadas se utilizan cuando es necesario transmitir un elevado volumen de datos. Sin embargo, las líneas conmutadas se usan para transmitir datos de escaso volumen.

I Las líneas conmutadas requieren establecer una llamada previa en ambos extremos para llevar a cabo la comunicación; mientras que con las líneas dedicadas no es necesario establecer ninguna llamada previa ya que el tráfico de datos es constante, permanente y a tiempo completo.

14. Complete el siguiente enunciado:

El procedimiento de mantenimiento preventivo **activo** consiste en revisar comprobar y limpiar los distintos componentes de un equipo; mientras que el procedimiento de mantenimiento preventivo **pasivo** consiste en proteger al equipo de condiciones ambientales externas que puedan dañarlo.

15. Mencione las tareas necesarias para llevar a cabo un correcto mantenimiento preventivo del *software* de los equipos e indique brevemente su funcionalidad.

I Ejecución del antivirus: revisar periódicamente los archivos del ordenador en búsqueda de posibles virus.

I Vaciado de la papelera de reciclaje: con el vaciado se consigue eliminar permanentemente archivos que ya no son necesarios para que dejen de ocupar espacio en el disco duro.

I Defragmentación de disco: se consigue "reunificar" los archivos "partidos" para conseguir un acceso a ellos más rápido y eficiente.

I Actualización del sistema operativo: conviene actualizar el sistema operativo para tener instaladas las versiones más recientes del mismo y conseguir optimizar su rendimiento.

I Eliminar archivos temporales de Internet: suprimir periódicamente archivos temporales que ya no se utilizan para optimizar el espacio libre del disco duro.

I Liberar espacio en el disco duro: el liberador de espacio elimina automáticamente los archivos temporales, los archivos caché de Internet y los archivos de programas innecesarios de un modo seguro.

Solucionario Capítulo 2

1. **Indique a qué componentes de un SGBD corresponden las siguientes definiciones.**

    a. Proporciona la interfaz entre los datos almacenados de bajo nivel y los programas de aplicación y consulta de datos. Es el principal componente del SGBD.

    b. Asigna espacio en disco y mantiene la estructura de los ficheros que se usan para representar la información almacenada.

    c. Traduce las consultas de los usuarios a instrucciones de bajo nivel para que sean entendibles por el gestor de base de datos.

    d. Se encarga de almacenar la información de la base de datos.

    e. Almacena información referente a la estructura de la base de datos.

    a. Gestor de datos o Data Manager.

    b. Gestor de ficheros, File Manager o File System.

    c. Gestor de consultas o Query Processor.

    d. Fichero de datos.

    e. Diccionario de datos o catálogo del sistema.

2. **¿Qué son los lenguajes de bases de datos? ¿Qué tipos hay?**

Los lenguajes de bases de datos son aquellos que utiliza el usuario para solicitar información de la base de datos. Hay tres tipos de lenguajes: Lenguajes de Definición de Datos o LDD (describen y definen la base de datos dentro del SGBD), Lenguajes de Manipulación de Datos o LMD (permiten al usuario consultar y actualizar los datos de una base de datos) y Lenguajes de Control de Datos o LCD (gestionan los derechos de acceso a los usuarios).

3. Busque en la siguiente sopa de letras tipos de claves de una base de datos.

A	D	F	P	R	I	M	A	R	I	A
H	F	E	G	E	Y	I	N	A	R	A
R	E	A	D	G	N	O	T	U	O	S
S	Y	O	R	E	D	A	L	N	R	E
A	L	T	E	R	N	A	T	I	V	A
O	U	R	A	S	E	D	A	C	A	N
E	N	F	O	R	A	N	E	A	N	A

- Primaria.
- Foránea.
- Alternativa.
- Única.

4. Dada la siguiente tabla, indique los atributos que contiene, su cardinalidad y su grado.

RELACIÓN DESPACHOS		
EDIFICIO	NÚMERO	SUPERFICIE
Zaidín	245	20
Chana	50	5
Centro	140	15

La tabla contiene tres atributos o campos: EDIFICIO, NÚMERO y SUPERFICIE. Tiene grado tres (porque tiene tres atributos) y cardinalidad tres también (porque tiene tres registros).

5. Complete la siguiente oración.

Una base de datos está en primera forma normal sí, y solo sí, cada atributo de una tabla contiene solo un valor **atómico,** ya que un atributo que contenga varios valores puede ocasionar una **pérdida** de datos.

6. Busque en la siguiente sopa de letras los distintos tipos de campos o atributos. ¿Qué tipo de datos contiene cada uno?

A	N	U	M	E	R	I	C	O	S	G	R
F	A	C	E	T	U	T	N	S	A	R	A
E	S	M	E	M	O	R	I	C	A	A	M
C	I	N	J	A	R	Y	T	L	S	F	E
H	R	A	S	O	T	E	R	E	A	I	M
A	L	F	A	N	U	M	E	R	I	C	O
A	S	M	O	N	E	T	A	R	I	O	N

- **Alfanumérico:** datos de carácter textual.
- **Numérico:** datos de carácter numérico.
- **Monetario:** datos de carácter monetario.
- **Fecha:** datos con carácter especial para expresar fechas.
- **Memo:** datos textuales con longitud indefinida.
- **Gráfico:** campos que permiten la inclusión de imágenes.

7. Indique la diferencia entre las restricciones inherentes y restricciones semánticas.

Las restricciones inherentes vienen definidas por el mero hecho de que la base de datos sea relacional; el usuario no puede determinarlas. Sin embargo, las restricciones semánticas son restricciones personales que el usuario decide incorporar o no a los datos.

La diferencia entre restricciones inherentes y personales radica en la capacidad de decisión del usuario para aplicarlas a los datos.

8. **Relacione las siguientes definiciones con los distintos tipos de políticas de control de acceso a la información de una base de datos:**

    a. Política de control de acceso que clasifica tanto los usuarios como los objetos en clases de seguridad y luego fuerza determinadas reglas acordes a cada nivel.
    b. Política de control de acceso que se basa en la identidad de los sujetos y en las reglas de autorización que indican para cada uno de ellos las acciones que pueden ejecutar y las que no sobre cada objeto del sistema.
    c. Política de control de acceso que regula el control de acceso de los usuarios a la información según las actividades y las responsabilidades que los usuarios tienen en el sistema, reflejando de este modo la jerarquía de las organizaciones según responsabilidades y autoridades.

    a. Política de control de acceso obligatorio.
    b. Política de control de acceso discrecional.
    c. Política de control de acceso basada en roles.

9. **¿Qué es la redundancia? ¿Cuáles son los problemas más comunes que se pueden encontrar cuando hay redundancia en la información?**

    La redundancia consiste en almacenamiento de los mismos datos varias veces en lugares distintos. Los problemas que puede ocasionar más frecuentes son:

    ▎ Aumento del trabajo. Al tener los mismos datos en distintos sitios, hay más carga de trabajo al tener que hacer cambios en todas las ubicaciones donde se encuentra un mismo dato.
    ▎ Desperdicio de almacenamiento. Al estar los datos repetidos en varios lugares, hay una mayor ocupación de espacio de almacenamiento.
    ▎ Inconsistencia de datos. La redundancia de datos puede inducir más fácilmente a errores cuando hay que modificar algún dato en varios lugares. Es más sencillo olvidarse de modificar algún dato, lo que provoca incoherencia y, por lo tanto, inconsistencia de los datos.

10. **Complete las siguientes frases:**

    a. El nivel de **consulta** de la información otorga el privilegio de lectura de datos y solo es necesario un conocimiento de la estructura de los datos para lograr el acceso. El privilegio de lectura permite leer pero no modificar la base de datos.

    b. El nivel de **actualización** de la información permite a los usuarios realizar modificaciones masivas de los datos.

    c. El nivel de **consulta y modificación** de la información contiene privilegios para el ingreso, la actualización y el borrado de datos, entre otros.

11. **Indique a qué corresponden las siguientes siglas referentes a los niveles de seguridad establecidos en la política control de acceso obligatorio a los datos de una base de datos. A continuación, ordene los niveles de menor a mayor nivel de seguridad.**

    a. C - **Confidencial.**
    b. S - **Secreto o Secret.**
    c. TS - **Alto secreto o Top Secret.**
    d. U - **Sin clasificar o Unclassified.**

Los niveles de seguridad se ordenan del siguiente modo (de menor a mayor nivel de seguridad): U < C < S < TS

12. **Relacione las siguientes propiedades de la seguridad de una base de datos.**

    a. La información debe estar disponible para los usuarios autorizados siempre que lo requieran.
    b. La información debe mantenerse con exactitud tal como fue generada.
    c. La información solo debe ser accesible para las personas que tengan la autorización correspondiente.

    c. Confidenciabilidad.
    b. Integridad.
    a. Disponibilidad.

13. **¿Cuáles de los siguientes servicios proporciona un sistema gestor de bases de datos o SGBD?**

    a. Mantener la integridad e inconsistencia de los datos.
    b. **Soporte de transacciones.**
    c. **Servicio de recuperación de fallos.**
    d. **Manipulación de los datos.**

14. ¿A qué concepto corresponde la siguiente definición?

"Depósito en el que se guarda la información referente a todos los datos que forman la base de datos. Guía en la que se describe la base de datos y los objetos que forman parte de ella".

    a. Transacción.
    b. Clave primaria.
    c. Diccionario de datos.
    d. Auditoría de datos.

15. ¿Cuáles son los cinco principales objetivos de las bases del modelo de datos relacional definido por E. F. Codd? ¿En qué consisten?

Los principales objetivos son los siguientes:

- Independencia lógica: cualquier cambio en la base de datos no debe repercutir en los programas ni en los usuarios que acceden a ellos.
- Flexibilidad: la base de datos debe poder ofrecer al usuario los datos del modo más adecuado a cada aplicación.
- Independencia física: un cambio físico no debe afectar a los programas utilizados.
- Uniformidad: los datos siempre están estructurados en una única forma conceptual, como son las tablas.
- Sencillez: el modelo de datos relacional debe ser fácil de comprender y utilizar por parte de los usuarios finales.

Solucionario Capítulo 3

1. **Indique a qué tipo de bases de datos corresponden las siguientes definiciones.**

   a. Almacena la información siguiendo una estructura jerárquica de modo que
   los nodos hijos pueden tener varios nodos padre y viceversa.
   Base de datos en red.

   b. Almacena la información siguiendo una estructura jerárquica de modo que
   los nodos hijos solo pueden tener un nodo padre.
   Base de datos jerárquica.

   c. Base de datos cuya única finalidad es enviar y recibir datos a gran velocidad.
   Base de datos transaccional.

   d. Base de datos orientada exclusivamente a gestionar de forma efectiva el
   almacenamiento y el acceso a documentos.
   Base de datos documental.

2. **¿Qué criterios se utilizan para clasificar las bases de datos documentales? ¿Cuál
   de ellos distingue entre las bases de datos de texto completo, referenciales y los
   archivos electrónicos de imágenes?**

   Las bases de datos documentales se clasifican siguiendo los criterios siguientes:

   - Según el tipo de contenido que almacenan.
   - Según la cobertura temática de los datos.
   - Según el modo de acceso a la base de datos.
   - Según el propósito de la base de datos.

   El criterio que distingue entre las bases de datos de texto completo, referenciales y los
   archivos electrónicos de imágenes es el tipo de contenido que almacenan.

3. Busque en la siguiente sopa de letras cinco funciones de base de datos utilizadas en *Excel.* Describa brevemente su utilidad.

O	B	D	E	X	T	R	A	E	R	R
B	D	C	O	N	T	A	R	S	B	A
D	S	U	S	T	A	R	D	B	D	E
M	U	N	O	T	Q	E	D	A	M	D
I	M	E	B	D	G	E	N	T	A	S
N	A	S	A	T	Y	I	N	D	X	A

▌ **BDEXTRAER:** Extrae de la base de datos un registro único que cumple con unos criterios especificados.
▌ **BDCONTAR:** Cuenta las celdas que no contienen números en la base de datos.
▌ **BDMAX:** Muestra el valor máximo de las entradas seleccionadas de la base de datos.
▌ **BDMIN:** Muestra el valor mínimo de las entradas seleccionadas de la base de datos.
▌ **BDSUMA:** Calcula la suma de los registros que cumplen una condición determinada.

4. Relacione las siguientes definiciones de funciones de texto con los conceptos que se muestran a continuación.

    a. Une varios elementos de texto en uno solo.
    b. Busca un valor dentro de otro sin distinguir entre mayúsculas y minúsculas.
    c. Busca un valor dentro de otro distinguiendo entre mayúsculas y minúsculas.
    d. Convierte el texto a mayúsculas.

    d. MAYUSC
    a. CONCATENAR
    c. ENCONTRAR
    b. HALLAR

5. **Complete la siguiente oración.**

En una hoja de cálculo, una base de datos o lista es un conjunto de información **homogénea** estructurada de modo que cada fila es un **registro** y cada columna es un **campo.**

6. **¿Qué tipos de informes ofrece *Excel?* Descríbalos brevemente.**

   ▌ Informes de tabla dinámica: tablas que se crean a partir de una lista de datos, otra tabla dinámica o de una base de datos externa y agrupa los registros de los distintos campos de la base de datos para generar un informe.
   ▌ Informes de gráficos dinámicos: Representación gráfica de la información que proporciona un informe de tabla dinámica.

7. **¿Cuáles de los siguientes botones de comando se encuentran en *Excel?***

   a. **Botones de activación.**
   b. Botones personalizados.
   c. **Botones desplegables.**
   d. **Botones combinados.**

8. **Indique a qué comando de manipulación y formato en *Excel* corresponde la siguiente definición:**

   "Comando que permite al usuario analizar un resultado en base a un conjunto de celdas variables. Se pueden obtener en la misma hoja de cálculo diferentes vistas de cómo variarían los datos según los valores de determinadas celdas".

   a. Formato condicional.
   b. **Escenarios.**
   c. Auditoría de fórmulas.
   d. Referencia circular.

9. Busque en la siguiente sopa de letras cinco comandos de utilidad en *Excel*. A continuación, describa su funcionalidad.

H	I	P	E	R	V	I	N	C	U	L	O
A	B	E	L	R	E	A	T	M	O	S	E
R	U	S	P	R	O	T	E	G	E	R	A
I	S	A	R	T	E	C	I	S	D	O	R
S	C	E	K	E	L	A	N	D	E	A	D
V	A	L	I	D	A	C	I	O	N	A	O
U	R	E	E	M	P	L	A	Z	A	R	S

- **Validación:** comprueba la validez de los valores introducidos en las celdas.
- **Proteger:** protege celdas, hojas de cálculo y libros completos dependiendo de las necesidades de seguridad del usuario.
- **Buscar:** busca cualquier valor dentro de una hoja de cálculo.
- **Reemplazar:** sustituye valores buscados en una hoja de cálculo por otro valor definido por el usuario.
- **Vínculo:** inserta en la hoja de datos hipervínculos que la vinculan con páginas web o con otros archivos.

10. Rellene los recuadros en blanco que señalan los distintos elementos del gráfico que se muestra a continuación:

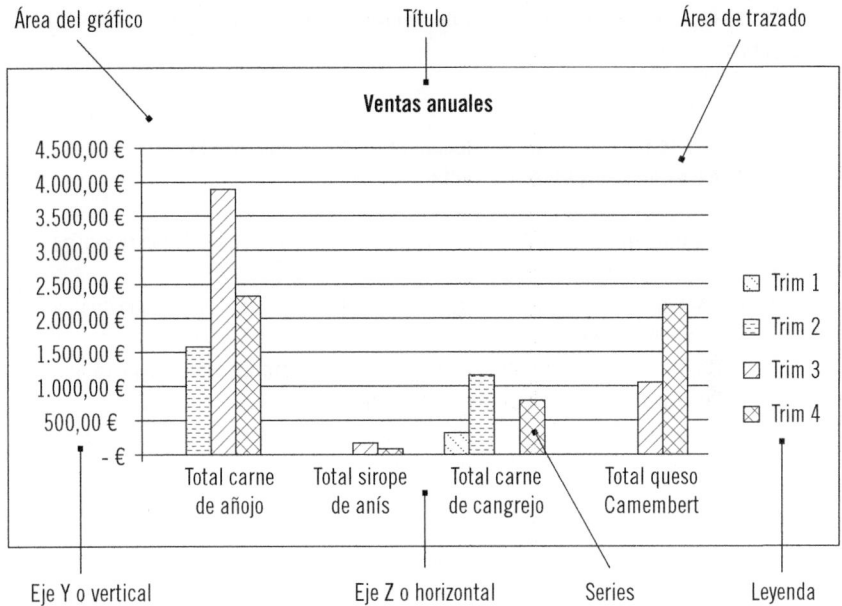

11. Relacione estos conceptos con tipos de gráficos:

a. Gráficos que muestran tendencias, relaciones de los cambios en los datos dentro de un período de tiempo.
Gráficos de línea.

b. Gráficos que solo pueden contener una sola serie de datos y que muestran la participación de cada valor respecto al total del gráfico.
Gráficos circulares.

c. Gráficos que muestran la relación entre distintos puntos de datos.
Gráficos de dispersión.

d. Gráficos que muestran cambios de valores con relación a un punto central.
Gráficos radiales.

12. Complete la siguiente frase:

Los SGBD **monousuario** solo permiten que un usuario utilice el sistema a la vez, mientras que los SGBD **multiusuario** permiten que los datos almacenados en la base de datos sean accedidos y modificados de forma concurrente por los programas de los usuarios.

13. Indique cuál de las siguientes funcionalidades que deben poseer los sistemas gestores de bases de datos NO es correcta:

a. Asegurar que la base de datos se actualice correctamente cuando se realiza un acceso concurrente a ella.

b. Mantener la seguridad de la base de datos permitiendo el acceso a la misma solo a los usuarios autorizados.

c. **Mantener la base de datos en estado inconsistente, garantizando que las transacciones ejecutadas sean completas.**

d. Ofrecer a los usuarios la capacidad de almacenar datos en la base de datos, acceder a ellos y actualizarlos

14. Relacione las siguientes definiciones de los objetos que contiene *Access:*

a. Objetos que se utilizan principalmente para obtener información específica de la base de datos o para ordenar los datos ubicados en las tablas siguiendo un criterio determinado.

b. Secuencias de órdenes o procesos que permiten realizar cualquier tarea repetitiva de forma automática.

c. Páginas web diseñadas para visualizar y trabajar con datos desde Internet o desde una intranet.

d. Colección de procedimientos que establecen acciones más específicas para comportamientos muy personalizados o adaptados a contextos y funciones determinados.

b. Macros.

a. Consultas.

d. Módulos de programación.

c. Páginas.

15. ¿Cuál es la principal diferencia entre los informes y los formularios de un sistema gestor de bases de datos?

La principal diferencia entre los informes y los formularios es que los datos que aparecen en el informe solo se pueden visualizar e imprimir, mientras que los datos de los formularios se pueden modificar.

Solucionario Capítulo 4

1. **Indique a qué tipo de bases de consultas corresponden las siguientes definiciones.**

   ▌ Consultas que permiten realizar acciones automáticas como modificación y eliminación de registros que cumplan determinados criterios.
   Consultas de acción.

   ▌ Consultas que se definen en lenguaje SQL.
   Consultas específicas de SQL.

   ▌ Consultas que extraen los datos que cumplen unos criterios especificados de una tabla de datos.
   Consultas de selección.

2. **¿Cuál de los siguientes criterios NO corresponde con un criterio para realizar una consulta?**

   a. Como... Y...
   b. Entre... Y...
   c. Como
   d. Negado

3. **¿Qué es un lenguaje de consulta de datos? ¿Qué lenguaje de consulta de datos es el más generalizado en la actualidad? ¿Por qué?**

   El lenguaje de consulta de datos es aquel que permite al usuario solicitar información de la base de datos. El que tiene un uso más generalizado es el lenguaje SQL o *Structured Query Language*, ya que es un lenguaje fácil de leer y entender incluso para usuarios inexpertos.

4. Relacione las siguientes definiciones con los distintos tipos de formularios:

    a. Formularios en los que cada registro aparece de forma independiente con los campos ordenados en una columna.

    b. Formularios con el mismo formato que el que tienen las tablas para introducir datos.

    c. Formularios en los que cada registro aparece de forma independiente, donde los campos están ordenados en una o varias filas.

    d. Formulario en el que los datos están distribuidos siguiendo un formato tabular.

    d. Tabular.
    b. Hoja de datos.
    a. En columnas.
    c. Justificado.

5. ¿Cuál es la diferencia principal entre un formulario emergente modal y no modal?

Un formulario modal debe ser cerrado por el usuario antes de poder trabajar fuera del formulario mientras que un formulario no modal permite al usuario trabajar fuera de él sin necesidad de cerrar el primero.

6. Complete la siguiente oración:

"Los autoinformes sirven para crear **informes** sencillos y sin necesidad de variaciones en su **diseño**. Son informes que incluyen todos los datos de una tabla o los datos extraídos mediante una **consulta**".

7. Indique a qué sección de un informe corresponden las siguientes descripciones:

    a. Se imprime una vez por registro.
    Detalle.

    b. Se imprime en la parte inferior de cada página.
    Pie de página.

c. Se imprime antes de cada grupo de registros.
Encabezado de grupo.

d. Se imprime en la parte superior de la primera página del informe.
Encabezado de informe.

8. **Indique a qué concepto corresponde la siguiente definición:**

"Informe contenido dentro de otro informe cuya función básica es la de añadir información complementaria al informe al que pertenece".

La oración se corresponde con la definición del concepto de subinforme.

9. **¿Qué es un autoformulario? ¿En qué ocasiones se utiliza?**

Un autoformulario es un formulario que contiene todos los campos de una tabla y se utiliza sobre todo cuando no se necesita disponer mucho control sobre la apariencia de un formulario; es la mejor opción cuando el usuario no quiere determinar muchas opciones de formato en el formulario.

10. **¿Cuáles de las siguientes opciones se pueden decidir en el asistente para gráficos de Access?**

a. **Campos que se desean incluir.**
b. Ejes secundarios.
c. **Título del gráfico.**
d. **Distribución de los datos en el gráfico.**

11. **Relacione los siguientes enunciados con los tipos de controles enumerados a continuación:**

a. Permite ejecutar una acción con un simple clic.
b. Introduce la representación gráfica de los datos.
c. Permite el acceso rápido a páginas web.
d. Se suele utilizar para añadir una nueva opción a un grupo de opciones ya creado.

b. Gráfico.

c. Vínculo.

d. Botón de alternancia.

a. Botón.

12. Busque en la siguiente sopa de letras los tres tipos de vista de un formulario. A continuación, descríbalos.

G	A	D	E	G	R	C	Y	A	O	L	D
E	R	I	S	E	T	C	J	C	O	A	S
S	A	S	O	L	A	E	R	Y	V	L	C
P	R	E	S	E	N	T	A	C	I	O	N
T	O	Ñ	A	I	L	S	E	Y	G	H	M
A	F	O	R	M	U	L	A	R	I	O	R

▌ **Diseño:** ofrece una vista detallada de la estructura del formulario y se utiliza para realizar modificaciones en estos.

▌ **Formulario:** presenta los datos del origen del formulario tal como están definidos en la vista diseño.

▌ **Presentación:** permite trabajar prácticamente del mismo modo que con la vista Diseño pero con las ventajas de la vista Formulario. Muestra a tiempo real los datos del formulario mientras se realizan cambios en su diseño.

13. Complete la siguiente oración:

"Las sentencias con lenguaje de **definición** de datos sirven para definir, modificar o borrar las tablas en las que se almacenan los datos y las **relaciones** entre estas. También permiten al usuario establecer restricciones de **integridad** sobre los datos".

14. ¿Qué es un control calculado? ¿Se puede utilizar en informes, formularios o en ambos?

Un control calculado es aquel que se utiliza para mostrar el resultado de una expresión. Se usa tanto en informes como en formularios y recalcula el resultado de dicha expresión cada vez que se produce algún cambio en uno de los valores en los que se basa la expresión.

15. ¿Cuáles de las siguientes funciones son características de un formulario?

a. **Presentan información de las tablas y consultas en un formato más atractivo para los usuarios.**

b. **Automatiza las tareas que el usuario realiza habitualmente en sus bases de datos.**

c. Presentan la información de modo que pueda ser impresa directamente por el usuario.

Solucionario Capítulo 5

1. **Indique a qué acción corresponde cada una de las siguientes funcionalidades:**

   a. Cierra cualquier ventana que se encuentre abierta.
   CerrarVentana

   b. Permite saltar a un registro concreto dentro de un objeto.
   IrARegistro

   c. Cierra Access.
   SalirDeAccess

   d. Maximiza la ventana activa.
   MaximizarVentana

2. **¿Cuál de los siguientes comandos se utiliza para ocultar los detalles de las acciones en una macro?**

   a. Expandir todo.
   b. **Contraer acciones.**
   c. Expandir acciones.

3. **¿Qué es una macro? ¿Para qué se utiliza?**

   Una macro es un objeto de la base de datos (igual que los formularios, consultas e informes) que se utiliza para automatizar tareas repetitivas. Son grabaciones de comandos e instrucciones que al reproducirlas se ejecutan de manera automática.

4. **En la siguiente lista, hay un generador que no existe. ¿Cuál de ellos es el INCORRECTO?**

   a. Generador de expresiones.
   b. **Generador de lenguajes.**
   c. Generador de macros.
   d. Generador de código.

5. ¿Cuál es la diferencia principal entre las agrupaciones de macros y las submacros? Explíquela.

La principal diferencia entre las agrupaciones de macros y las submacros radica en el orden en el que son ejecutadas las acciones que incluyen. Mientras que las acciones de las agrupaciones de macros se ejecutan en el orden lógico del programa, las acciones de las submacros no (las acciones de las submacros son ignoradas y se tratan como si fueran comentarios).

6. Complete la siguiente oración:

"Access incluye una herramienta que permite comprobar si hay algún error siguiendo la macro **paso a paso**; de modo que se pueden ver qué **procesos** se llevan a cabo en cada momento y qué **resultados** recibe de la base de datos".

7. Remarque cuales son las dos acciones que deben contener las submacros (deben contener por lo menos una de ellas) para poder ser ejecutadas:

      a. AbrirFormulario
      b. EjecutarMacro
      c. AlOcurrirError
      d. EjecutarAplicación

8. Indique a qué concepto corresponde la siguiente definición:

"Tipo de página web, escrita en HTML, diseñada para trabajar con una base de datos a través de Internet o Intranet; se puede decir que es como un formulario *online*".

La oración se corresponde con la definición de las páginas de acceso a datos.

9. Rellene los huecos en blanco de la siguiente frase:

"La opción más rápida para crear páginas de acceso a datos es utilizando el comando **Autopágina**. Este comando se utiliza para crear páginas de acceso a datos que contengan todos los **registros** y campos (exceptuando los campos que almacenan **imágenes**) en la tabla, consulta o vista base".

10. ¿Qué es una interfaz de usuario de un sistema gestor de base de datos? Defina el concepto.

Se define la interfaz de usuario de un sistema gestor de base de datos como la forma en que el usuario ve y trabaja con la base de datos.

11. ¿Cuáles de las siguientes opciones se pueden configurar en un archivo de base de datos?

    a. Mostrar barra de estado.
    b. Usar las teclas especiales de *Excel*.
    c. Mostrar panel de navegación.
    d. Icono de la aplicación.

12. ¿Es posible exportar una tabla a un archivo HTML? En caso de ser posible, indique el botón de comando que se utiliza y la pestaña y el grupo de herramientas en los que se encuentra situado.

La exportación de una tabla a un archivo HTML en Access es posible. Para ello, se debe pulsar el botón de comando Documento HTML, situado en el grupo de herramientas Exportar de la pestaña Datos externos.

13. ¿A qué combinación de teclas pertenece cada una de las siguientes sintaxis de combinación?

    a. +{F9}
       [MAYUS] + [F9]

    b. ^P
       [CTRL] + [P]

    c. ^{TAB}
       [CTRL] + [TAB]

14. **Para que una macro actúe como una combinación de teclas para realizar una acción, ¿qué nombre hay que ponerle?**

Hay que poner el nombre AutoKeys a una macro que se quiere que actúe como una combinación de teclas.

15. **Relacione las siguientes funcionalidades con los nombres de acciones (que se pueden añadir a una macro) situados a continuación.**

   a. Imprime el objeto activo en la base de datos.
   b. Genera salida de datos con el formato de *Excel* entre otros.
   c. Establece una propiedad de control.
   d. Cancela el evento que hizo que *Access* ejecutara la macro que contiene esta acción.

   d. CancelarEvento
   a. ImprimirObjeto
   b. ExportarConFormato
   c. DefinirPropiedad

Sistema Operativo, búsqueda de información: Internet/Intranet y correo electrónico

Ejercicios de autoevaluación
Unidad de Aprendizaje 1

1. Determina si las siguientes frases son verdaderas o falsas.

    a. La memoria ROM viene grabada de fábrica con una serie de programas.

        ■ **Verdadero**
        ■ Falso

    b. La memoria RAM contiene de forma temporal los programas, datos y resultados que están siendo utilizados por el usuario

        ■ **Verdadero**
        ■ Falso

2. Relaciona cada tipo de *software* con su descripción.

    a. *Software* de sistema
    b. *Software* de programación
    c. *Software* de aplicación

    c. Permite a los usuarios llevar a cabo diferentes tareas en cualquier campo que pueda ser automatizado.
    a. Aporta herramientas y utilidades de apoyo para el mantenimiento del equipo.
    b. Conjunto de programas que permiten a los creadores de programas el desarrollo de estos, usando diferentes lenguajes.

3. ¿Qué es el *hardware*?

Cuando hablamos de hardware nos referimos al conjunto de elementos físicos que componen un ordenador. Estos elementos son los dispositivos que lo forman, como la placa base, el monitor, la torre los circuitos, cables, tarjetas... es decir, todos los elementos físicos, todos los que podemos ver y tocar.

4. Determina si las siguientes frases son verdaderas o falsas.

a. El microprocesador va insertado en una compleja tarjeta de circuito impreso, conocida como tarjeta de red.

- ■ Verdadero
- ■ **Falso**

b. Hay dos partes básicas para entender el funcionamiento de un ordenador: el *Hardware* y el *Software*.

- ■ **Verdadero**
- ■ Falso

5. Determina cuál de los siguientes ordenadores posee mayor capacidad de cálculo.

a. Supercomputador
b. Portátil
c. PDA
d. *Smartphone*

6. ¿Cuál de los siguientes dispositivos dispone de una gran capacidad de conectividad y de gestión para realizar transacciones de entrada/salida?

a. *Mainframe*
b. Microordenador
c. Estación de trabajo
d. PDA

7. ¿Qué tipo de ordenador es más adecuado para una pequeña oficina o para uso ofimático doméstico?

a. Tableta
b. PDA
c. Microordenador
d. Supercomputador

8. ¿Cómo se mide la velocidad de la CPU?

    a. Según el número de operaciones que realiza por hora.
    b. Según el número de operaciones que realiza por minuto.
    c. Según el número de operaciones que realiza por segundo.
    d. Según el número de operaciones que realiza por décima de segundo.

9. Identifica cuál de los siguientes periféricos se considera de salida.

    a. Teclado
    b. Altavoces
    c. Lector de CD
    d. Escáner

10. ¿Qué es el *software*?

El *software* es lo que conocemos también como programas o aplicaciones, que son como secuencias de instrucciones (órdenes) que debe realizar el ordenador, algo así como una receta de cocina con todos sus pasos especificados.

Ejercicios de autoevaluación
Unidad de Aprendizaje 2

1. Completa la siguiente frase:

Puedes crear varias **cuentas de usuario,** para que cuando personas distintas trabajen con un mismo equipo, cada una posea su propio escritorio.

2. El programa básico de dibujo que nos permite trazar líneas, circunferencias, cortar fotografías, etc., y que viene preinstalado en *Windows*, se llama:

    a. *WordPad.*
    b. *Paint.*
    c. Bloc de Notas.
    d. Todas las opciones son incorrectas.

3. Indica si las siguientes afirmaciones son verdaderas o falsas:

    a. Dentro del Panel de Control puede encontrar una opción para instalar y desinstalar programas.

        ■ **Verdadero**
        ■ Falso

    b. Los programas solo se pueden desinstalar desde el Panel de Control.

        ■ Verdadero
        ■ **Falso**

4. Relaciona los siguientes programas con sus características.

    a. Explorador de *Windows*
    b. *Firewall*
    c. *WordPad*

b. Programa que permite limitar, cifrar y descifrar el tráfico entre los diferentes ámbitos, sobre la base de un conjunto de normas y otros criterios

a. Programa que permite llegar de una manera rápida a cualquier ubicación del equipo, y realizar tareas como crear, eliminar, copiar, pegar, mover, etc., tanto carpetas como ficheros

c. Editor de textos básico

5. **¿Cuál de los siguientes elementos no pertenece a un Tema de Escritorio?**

    a. Panel de Control
    b. Fondo de pantalla
    c. Tipografía
    d. Icono

6. **¿Qué es la *interface*?**

Entendemos por *interface* en informática el entorno en el que se comunican el usuario y su sistema operativo. En Windows ese entorno se denomina Escritorio.

7. **¿Qué icono muestra el contenido de las unidades de almacenamiento del ordenador?**

    a. Red
    b. Carpeta de usuario
    c. Este equipo
    d. Panel de control

8. **Indica si las siguientes afirmaciones son verdaderas o falsas.**

    a. Se puede modificar el nombre de un archivo con el menú contextual, haciendo clic en la opción Cambiar nombre.

        ■ **Verdadero**
        ■ Falso

b. Las carpetas solo pueden abrirse desde el Explorador de archivos.

- Verdadero
- **Falso**

9. **Identifica cuál de las siguientes extensiones pertenece a un archivo ejecutable.**

   a. .exe
   b. .bmp
   c. .wma
   d. .docx

10. **¿Cuál de los siguientes soportes de almacenamiento es de acceso aleatorio y presenta mayor capacidad de almacenaje?**

    a. CD
    b. DVD
    c. Disco duro externo
    d. Cintas DLT

11. **Explica qué es un *backup*.**

    Es la copia de datos originales con el fin de disponer de ellos en caso de una pérdida o deterioro de los mismos.

Ejercicios de autoevaluación
Unidad de Aprendizaje 3

1. ¿Cuál de las siguientes aplicaciones no es un navegador de internet?

    a. *Internet Explorer.*
    b. *Windows XP.*
    c. *Safari.*
    d. *Mozilla Firefox.*
    e. *Google Chrome.*

2. Indica si las siguientes afirmaciones son verdaderas o falsas.

    a. El Protocolo TCP/IP comenzó a usarse como estándar principal en las comunicaciones en 1960.

        ■ Verdadero
        ■ **Falso**

    b. La tecnología ADSL permite transmitir simultáneamente voz y datos a través de la misma línea telefónica.

        ■ **Verdadero**
        ■ Falso

3. De los siguientes elementos, indica cuáles son tipos de acceso a internet.

    a. Jazztel
    b. Vodafone
    c. LMDS
    d. RDSI

4. Indica si las siguientes afirmaciones son verdaderas o falsas.

    a. Vodafone es un proveedor de internet.

        ■ **Verdadero**
        ■ Falso

b. El RTC es uno de los tipos de acceso a internet que ofrece mayor velocidad.

- Verdadero
- **Falso**

5. ¿Qué es la intranet?

Es una red local basada en el protocolo TCP/IP que permite comunicar a los ordenadores con servidores web.

6. Identifica cuál de los siguientes aspectos no se considera una ventaja de la implantación de internet en el ámbito empresarial.

a. Acceso a gran cantidad de información.
b. Acercamiento a los clientes, hace que la conexión sea 24 h.
c. Compatibiliza los equipos y sistemas operativos.
d. Acceso nacional, pueden contactarnos desde cualquier parte del país.

7. ¿Cómo se denomina al programa que permite ver la *World Wide Web?*

a. Buscador
b. Navegador
c. Blog
d. WWW

8. ¿Qué es internet? ¿Qué se necesita para tener acceso a internet?

Internet es un conjunto de redes descentralizadas conectadas entre sí a través de un lenguaje común, que es el TCP/IP. Para tener acceso a él es necesario disponer de un ordenador con este lenguaje común y una serie de programas de comunicación, un módem o router, una línea telefónica y un proveedor de acceso.

9. ¿Cuáles son las funciones del protocolo TCP/IP?

Tratar de partir la información que debe viajar por la red en paquetes de tamaño adecuado, numerarlos y meterle controles para detectar errores.

También marcar el ordenador origen y destino para saber quién ha de contestar y a quién debe llegar devuelto. Es por esto que todo ordenador conectado a la red debe tener un número de IP único.

10. ¿Qué tipo de acceso a internet ofrece velocidades que oscilan entre los 100 y los 300 megas?

    a. Fibra óptica
    b. Vía satélite
    c. ADSL
    d. Redes inalámbricas

Ejercicios de autoevaluación
Unidad de Aprendizaje 4

1. Indica si la siguiente afirmación es verdadera o falsa.

a. *Google Talk* y *Lphant* son aplicaciones de mensajería instantánea.

- ■ Verdadero
- ■ **Falso**

2. ¿Cuál de los siguientes no es un buscador de imágenes en red?

a. *Yahoo! Picture Gallery*
b. *Google Images*
c. *Bing Images*
d. ***Ebay Internet Images***

3. ¿Qué son las *cookies*?

Las *cookies* son ficheros de texto que algunos servidores piden a nuestro navegador que escriba en nuestro disco duro, con información acerca de los que hemos estado haciendo por sus páginas.

4. Señala cuatro zonas de seguridad predefinidas por *Internet Explorer*.

- Zona de Internet.
- Zona de Intranet local.
- Zona de Sitios de confianza.
- Zona de Sitios restringidos.

5. ¿Qué opción del buscador utilizarías para consultar una web a la que accediste hace dos días y de la que no recuerdas el nombre?

a. **Historial**
b. *Cookies*
c. Favoritos
d. El botón Atrás

6. Identifica cuál de los siguientes buscadores no muestra en su mayoría imágenes libres de derechos de autor.

    a. *Everystockphoto*
    b. *Freepik*
    c. *Zcool*
    d. *Bing Images*

7. Indica si la siguiente afirmación es verdadera o falsa.

    a. Todos los navegadores permiten guardar una página web completa en el equipo, con todo su contenido en un único fichero.

        ■ Verdadero
        ■ **Falso**

8. ¿Qué recurso utilizarías para buscar palabras exactas en un buscador?

    a. Signo +
    b. Comillas dobles
    c. Asterisco
    d. Virgulilla

9. Indica si la siguiente afirmación es verdadera o falsa:

    a. Muchos sitios web incorporan una opción que permite a sus usuarios imprimir el contenido de la misma.

        ■ **Verdadero**
        ■ Falso

Ejercicios de autoevaluación
Unidad de Aprendizaje 5

1. Indica si las siguientes afirmaciones son verdaderas o falsas.

a. Es recomendable imprimir todos nuestros correos electrónicos en papel para poder clasificarlos según el remitente.

- Verdadero
- **Falso**

b. Es recomendable crear carpetas para clasificar los correos electrónicos dentro de la Bandeja de entrada.

- **Verdadero**
- Falso

2. Relaciona los siguientes conceptos.

a. *E-mail*
b. *Spam*
c. Arroba

a. Correo electrónico
c. Representa a la palabra "at"
b. Mensajes de correo no solicitados

3. ¿Qué significa FTP?

Protocolo de Transferencia de Archivos (File Transfer Protocol).

4. ¿En qué año se considera que se produjo el gran boom de Internet?

a. 1895
b. 1985
c. 1995
d. 1990

5. Indica si las siguientes frases son verdaderas o falsas.

a. *Upload* es el término que se utiliza cuando se trae un archivo a nuestro ordenador desde un servidor externo.

■ Verdadero
■ **Falso**

b. *Download* es el término que se utiliza cuando se lleva un archivo a un servidor desde nuestro ordenador.

■ Verdadero
■ **Falso**

6. Cuando hablamos de un ordenador que, formando parte de una red, provee servicios a otros ordenadores denominados "clientes", nos estamos refiriendo a:

a. Un servidor
b. Un ordenador
c. Un navegador
d. Un correo electrónico

7. ¿Cómo se denomina al programa cuya función es permitir el desplazamiento de datos entre diferentes ordenadores/servidores?

a. Internet
b. Servidor FTP
c. Máquina remota
d. Máquina local

8. ¿En qué carpeta entran los correos electrónicos que se reciben?

a. Papelera
b. Bandeja de salida
c. Bandeja de entrada
d. Enviados

9. El título que el destinatario ve cuando quiere leer el correo electrónico se incluye en...

    a. ... el asunto.
    b. ... el campo CC.
    c. ... el campo CCO.
    d. ... la firma.

10. Indica si las siguientes afirmaciones son verdaderas o falsas.

    a. El correo web no ocupa espacio en el ordenador.

        ■ **Verdadero**
        ■ Falso

    b. La interfaz del correo web y de los gestores de correo es completamente diferente.

        ■ Verdadero
        ■ **Falso**

Actividad 1

Relaciona los siguientes elementos en función de si pertenecen al *hardware o al software:*

BIOS - Depurador - Teclado - Placa base - Videojuego - Ratón - Pantalla TFT - Controlador de dispositivos

Hardware	Software
-	-
-	-
-	-

Solución

El *hardware* de un ordenador está formado por toda la parte física que compone el equipo entre ellos: Ratón - Teclado - Placa base - Pantalla TFT

El *software,* por contra, es la parte lógica lo forman los programas desde la parte más básica del sistema operativo hasta los programas de gestión, etc. Entre ellos: BIOS, Controlador de dispositivos - Depurador - Videojuego

Actividad 2

Relaciona las partes de la interfaz según su utilidad:

    a. Barra de Tareas
    b. Iconos
    c. Panel de control
    d. Papelera de reciclaje
    e. Interfaz de Mosaicos

    1. Lugar donde se podrá configurar la totalidad del sistema.

2. Lugar de almacenamiento temporal de archivos borrados.
3. Se encuentran asociados con algún elemento de *Windows*.
4. Se podrá acceder a las distintas aplicaciones que haya cargadas en el ordenador.
5. Diseñada para un manejo más intuitivo de usuarios de tablets y smartphones.

Solución

Barra de Tareas	Se podrá acceder a las distintas aplicaciones que haya cargadas en el ordenador.
Iconos	Se encuentran asociados con algún elemento de *Windows*.
Panel de control	Lugar donde se podrá configurar la totalidad del sistema.
Papelera de reciclaje	Lugar de almacenamiento temporal de archivos borrados.
Interfaz de Mosaicos	Diseñada para un manejo más intuitivo de usuarios de tablets y smartphones.

Actividad 3

Siguiendo con el caso de Elena, la óptica en la que trabaja ha comprado una impresora USB para su equipo.

a. Indica el orden de los pasos necesarios para la conexión de la impresora en el equipo:
b. Hacer la instalación con el CD si no la ha reconocido el equipo.
c. Conectar el cable USB al equipo, el cable de red a la corriente y colocar papel en la impresora.
d. Imprimir la página de prueba.
e. Colocar los cables de alimentación y USB en la impresora.
f. Encender la impresora.

Solución

El orden correcto es:

1. Colocar los cables de alimentación y USB en la impresora.

2. Conectar el cable USB al equipo, el cable de red a la corriente y colocar papel en la impresora.
3. Encender la impresora.
4. Hacer la instalación con el CD si no la ha reconocido el equipo.
5. Imprimir la página de prueba.

Actividad 4

Atendiendo a las características y utilidades de los navegadores y buscadores, relaciona cada uno de los siguientes elementos.

1. Noticias - Pestañas - Página de inicio - Imágenes - Atrás - Aplicaciones

Navegador	Buscador
-	-
-	-
-	-

2. Es más rápido - Solo buscas en un sitio - No poseen base de datos - Permite búsquedas con más parámetros

Buscador	Metabuscador
-	-
-	-
-	-

3. *Metacrawler - Starpage - Google - Bing - Yahoo*

Buscador	Metabuscador
-	-
-	-
-	-

4. Una vez identificados los distintos tipos de buscadores y metabuscadores, ¿cuáles son las ventajas e inconvenientes de estas herramientas? Determina si las siguientes cuestiones son verdaderas o falsas.

   a. Como inconveniente, en los metabuscadores las búsquedas no son tan rápidas, no utilizando además los mismos criterios de ordenación de resultados.

      ■ Verdadero
      ■ Falso

   b. Google almacena la información sobre las páginas utilizando la indexación, dándole velocidad a las búsquedas.

      ■ Verdadero
      ■ Falso

   c. Los metabuscadores permiten una búsqueda con opciones al llevarla a varios buscadores a la vez.

      ■ Verdadero
      ■ Falso

5. ¿Cuál de las siguientes opciones se corresponde con un navegador?

   a. *Google*
   b. *Microsoft Edge*
   c. *Bing*
   d. *Yahoo*

Solución

1. En el **Navegador** tienes opciones como: Página de inicio, Pestañas, Atrás.
   En el **Buscador** puedes localizar entre otras cosas: Imágenes, Noticias, Aplicaciones.

2. **Buscador:** permite búsquedas con más parámetros, ya que está más especializado. Es más rápido, no sale a buscar en la red, lo hace en su base de datos.
   Metabuscador: no poseen base de datos, deben buscar en la red lo que lo hace más lento. Solo buscas en un sitio, pero no puedes usar muchos parámetros porque la misma búsqueda la hace en varios sitios.

3. Los buscadores son programas que recopilan información de las páginas web y crean una base de datos propia; entre los más conocidos están *Google, Yahoo* y *Bing.* Los metabuscadores no tienen base de datos propia ya que recopilan los mejores resultados de otros buscadores. Entre ellos se pueden encontrar *Ixquick,* que no deja rastro de direcciones IP; y *Metacrawler,* en el que sus resultados se muestras clasificados por columnas para una mejor diferenciación.

4. Una de las ventajas que posee *Google* frente a otros buscadores es que almacena la información sobre las páginas ordenándoles mediante índices. Como inconveniente, los metabuscadores no realizan búsquedas rápidas, ni utilizan los mismos criterios de ordenación. Además, no permiten una búsqueda con opciones al trasladarla a varios buscadores a la vez.

5. De entre las opciones dadas, el navegador se corresponde con *Internet Explorer,* ya que *Google, Bing* y *Yahoo* son herramientas de búsqueda, es decir, buscadores.

Actividad 5

Relaciona los elementos del gestor de correo con las opciones que se facilitan, para ello pulsa en el elemento del gestor del correo que consideres y a continuación su significado; una vez finalizadas las relaciones se activará el botón Comprobar.

1. Campo De:
2. Campo Para:
3. Campo Asunto:

4. Adjuntar
5. Cuerpo

a. El lugar donde anexar ficheros al mensaje.
b. Se indica el motivo del mensaje.
c. Se indica la dirección del remitente del mensaje.
d. Se escribe el texto del mensaje.
e. Se indica la dirección del destinatario del mensaje.

Solución

- Campo De: Se indica la dirección del remitente del mensaje
- Campo Para: Se indica la dirección del destinatario del mensaje.
- Campo Asunto: Se indica el motivo del mensaje.
- Adjuntar: El lugar donde anexar ficheros al mensaje.
- Cuerpo: Se escribe el texto del mensaje.

Aplicaciones informáticas de tratamiento de textos

Ejercicios de autoevaluación
Unidad de Aprendizaje 1

1. Cuando se habla de la "barra" que en *Word* contiene la mayoría de los comandos de la aplicación y sustituye a los menús y barras de herramientas de las versiones precedentes a *Word 2007,* nos referimos a:

   a. La barra de herramientas de acceso rápido.
   b. La cinta de opciones.
   c. La barra de desplazamiento.
   d. La barra de pestañas.

2. Cita cuáles son las cinco vistas que le ofrece *Word* para un documento.

   • Diseño de impresión
   • Lectura de pantalla completa
   • Diseño web
   • Esquema
   • Borrador

3. Indica si las siguientes afirmaciones son verdaderas o falsas.

   a. La barra de herramientas de acceso rápido puede ser personalizada de una forma sencilla.

   ■ **Verdadero**
   ■ Falso

   b. Un procesador de textos solo se podrá cerrar pulsando el botón Cerrar en la barra de título.

   ■ Verdadero
   ■ **Falso**

4. Describe qué es un procesador de textos.

Son entornos de trabajo de fácil manejo y con un gran número de prestaciones. Además de la introducción de texto, permiten insertar gráficos y enlaces a otros documentos, entre otras posibilidades.

5. ¿Cómo se denomina la barra que contiene el título del documento?

    a. Barra de título
    b. Cinta de opciones
    c. Barra de opciones
    d. Barra de herramientas de acceso rápido

6. ¿Qué botón habrá que pulsar para conseguir que la ventana de *Word* se oculte en la barra de tareas?

    a. El botón cerrar
    b. El botón maximizar
    c. El botón minimizar

7. ¿Con qué herramienta de *Word* se controlan los márgenes, tabulaciones y sangrado?

    a. Con la barra de desplazamiento.
    b. Con la regla horizontal.
    c. Con el grupo de opciones "Fuente".
    d. Con la barra de estado.

8. ¿Qué botón del teclado habrá que presionar para abrir la ayuda de *Word*?

    a. [Ctrl] + [a]
    b. [F6]
    c. [Ctrl] + [Shift]
    d. [F1]

9. ¿Cuál es la distancia aproximada que debe haber entre la pantalla y los ojos?

    a. De 25 a 45 cm.
    b. De 45 a 50 cm.
    c. De 60 a 65 cm.
    d. De 70 a 80 cm.

10. Indica si las siguientes afirmaciones son verdaderas o falsas.

    a. El borde superior de la pantalla ha de estar al nivel de los ojos.

      ■ **Verdadero**
      ■ Falso

    b. Ajusta el respaldo del asiento hasta que entre los muslos y la espalda haya unos 75°.

      ■ Verdadero
      ■ **Falso**

Ejercicios de autoevaluación
Unidad de Aprendizaje 2

1. **Las teclas más comunes para llevar a cabo el borrado de un carácter son:**

   a. [Retroceso] y [Ctrl].
   b. [Supr] y [Ctrl].
   c. **[Retroceso] y [Supr].**
   d. [Mayús] y [Supr].

2. **Relaciona cada combinación de teclas con su función.**

   a. [Ctrl] + [C].
   b. [Ctrl] + [V]
   c. [Ctrl] + [Mayús] + [Espacio]

   c. Inserción de espacio de no separación
   a. Copiar
   b. Pegar

3. **¿En qué consiste el modo Sobrescribir?**

   Es el modo contrario a Insertar, si en el modo Insertar el texto que se teclea se "inserta" en la posición del punto de inserción "empujando" hacia la derecha el texto situado a continuación. Por su parte, en el modo Sobrescribir el texto tecleado "machaca" el texto que exista a la derecha del punto de inserción y lo sustituye por el nuevo texto tecleado.

4. **¿Qué ocurre si se pulsa la combinación de teclas [Ctrl] + [Supr]?**

   a. **Borrarás la palabra que se encuentre situada a la derecha del cursor.**
   b. Borrarás la palabra que se encuentre situada a la izquierda del cursor.
   c. Borrarás la letra que se encuentre situada a la derecha del cursor.
   d. Borrarás la letra que se encuentre situada a la izquierda del cursor.

5. ¿Cómo se selecciona un párrafo con el ratón?

    a. Haciendo clic sobre una palabra que se encuentre en ese párrafo.

    b. Haciendo doble clic sobre una palabra que se encuentre en ese párrafo.

    c. Haciendo triple clic sobre una palabra que se encuentre en ese párrafo.

    d. Haciendo clic a la derecha del párrafo.

6. Identifica cuál de las siguientes combinaciones de teclas te permite cortar el texto.

    a. [Mayús + Supr]

    b. [Mayús + Fin]

    c. [Ctrl + V]

    d. [Ctrl + S]

7. ¿Cuántas selecciones soporta el portapapeles?

    a. 16

    b. 22

    c. 24

    d. 35

Ejercicios de autoevaluación
Unidad de Aprendizaje 3

1. Completa la siguiente frase:

   La opción **Guardar como** puede ser usada para conseguir duplicar un documento.

2. **La plantilla que por defecto *Word* utiliza como propia cuando usas la opción de abrir un documento en blanco, se llama:**

   a. Normal.doc
   b. Normal.docx
   c. Normal.dot
   d. Normal.com

3. **Indica si la siguiente afirmación es verdadera o falsa.**

   Word 2007 es totalmente compatible con *Word XP,* en la medida en que cualquier documento generado con uno de estos programas puede abrirse con toda tranquilidad con el otro.

   ○ Verdadero
   ○ **Falso**

4. **¿Qué combinación de teclas se puede utilizar para cerrar un documento?**

   a. [Ctrl + V]
   b. [Ctrl + C]
   c. [Ctrl + F4]
   d. [Ctrl + X]

5. Indica si la siguiente afirmación es verdadera o falsa.

Si modificas el documento con el que estás trabajando y lo cierras sin guardar y pulsando la opción Cancelar, el documento se cerrará sin guardarse.

- ò Verdadero
- ò **Falso**

6. Determina cuál de las siguientes opciones no es seleccionable cuando se utiliza la opción Guardar como.

- a. Indicar la ubicación
- b. Nombrar el documento
- c. Asignar el formato de archivo
- d. **Asignar sus hipervínculos**

7. ¿En qué consiste la opción Dividir del Menú ventana?

Divide la ventana del documento que esté abierta en dos mitades, obteniendo dos copias del documento, cada una en una ventana. Cunado esta opción está activa, la opción del grupo Ventana cambia de nombre a Quitar División, que deja la ventana como estaba antes de la división.

Ejercicios de autoevaluación
Unidad de Aprendizaje 4

1. Completa la siguiente frase:

Las características más importantes de formato de párrafo son la **alineación** y la **sangría,** ambas están disponibles en la pestaña Inicio.

2. ¿Cuál de las siguientes no es un tipo de sangría?

    a. Francesa
    b. Central
    c. Izquierda
    d. Derecha

3. Relaciona cada concepto con el comando de teclas correspondiente.

    a. Aplicar cursiva
    b. Superíndice
    c. Reducir el tamaño de la fuente

    c. [Ctrl] + [<]
    a. [Ctrl]+ [K]
    b. [Alt]+ [+]

4. ¿Qué pasa al pulsar el comando [Ctrl + N] sobre una palabra que se encuentra seleccionada?

    a. Se subraya
    b. Se pone en negrita
    c. Se pone en cursiva
    d. Se aumenta el interlineado

5. Indica si las siguientes afirmaciones son verdaderas o falsas.

a. El espacio entre párrafos se encuentra definido por defecto y no es modificable.

- Verdadero
- **Falso**

b. El botón subrayado tiene a su vez un pequeño menú desplegable, donde podrás seleccionar el tipo de subrayado que se desee aplicar.

- **Verdadero**
- Falso

6. ¿Cuál de las siguientes opciones escogerías para aplicar un degradado al texto?

a. Relleno de texto
b. Contorno de texto
c. Estilo de esquema
d. Iluminado y bordes suaves

7. ¿Es posible elegir el espacio horizontal entre los caracteres de un texto?

Sí, para aplicar el formato a un trozo de texto que ya está escrito, se debe seleccionar previamente. Una vez que se ha elegido el texto a formatear, se hará clic en el iniciador de cuadro de diálogo del grupo Fuente de la ficha de Inicio. Una vez que aparezca el cuadro de diálogo Fuente, se selecciona la ficha Avanzado, donde aparecen los siguientes componentes en el grupo Espaciado entre caracteres.

8. ¿Qué tipo de alineación consigue que el texto quede alineado respecto al margen izquierdo y derecho?

a. Alineación izquierda
b. Alineación justificada
c. Alineación derecha
d. Alineación centrada

9. **Indica si las siguientes afirmaciones son verdaderas o falsas.**

a. Solo hay dos formas de utilizar las sangrías, mediante los botones de sangría del grupo Párrafo y mediante la regla.

- ■ Verdadero
- ■ **Falso**

b. Se puede disminuir o aumentar la sangría mediante los botones del grupo Párrafo.

- ■ **Verdadero**
- ■ Falso

10. **¿Qué tipo de tabulación es la que más se utiliza para situar el texto en una columna?**

a. **Alineación izquierda**
b. Alineación en el centro
c. Alineación derecha
d. Alineación decimal

Ejercicios de autoevaluación
Unidad de Aprendizaje 5

1. Completa la siguiente oración:

Un **encabezado** y **pie de página** es un texto que, escrito una única vez en una hoja de un documento se repetirá, en todas las que lo compongan.

2. ¿En qué ficha puedes encontrar las opciones referidas a la numeración de las páginas del documento?

    a. Inicio
    b. Insertar
    c. Diseño de página
    d. Referencia

3. Indica si las siguientes afirmaciones son verdaderas o falsas.

    a. Las notas al pie y finales son numeradas automáticamente por *Microsoft Word.*

        ■ **Verdadero**
        ■ Falso

    b. Las notas finales se encuentran al final de cada página del documento.

        ■ Verdadero
        ■ **Falso**

4. Identifica mediante qué ficha se accede al menú de configuración de la página.

    a. Archivo
    b. Insertar
    c. Diseño
    d. Disposición

5. Indica si las siguientes afirmaciones son verdaderas o falsas.

a. Los documentos de *Word* solo pueden imprimirse en formato A4.

- Verdadero
- **Falso**

b. Si se configura el documento para tener márgenes estrechos, el texto parecerá más denso.

- **Verdadero**
- Falso

6. ¿Cuál de las siguientes opciones permite configurar un encabezado para que la primera página del documento sea diferente?

a. Encabezado desde arriba
b. Primera página diferente
c. Páginas pares e impares diferentes
d. Mostrar texto del documento

7. Indica si las siguientes afirmaciones son verdaderas o falsas.

a. Existen varios encabezados predefinidos que se pueden insertar en un documento de *Word*.

- **Verdadero**
- Falso

b. En un encabezado y pie de página se podrán insertar imágenes prediseñadas.

- **Verdadero**
- Falso

8. ¿Cuál es el número de columnas con el que *Word* trabaja por defecto?

a. Una
b. Dos
c. Tres
d. Por defecto, *Word* no trabaja con columnas.

9. ¿Qué modo de visualización escogerías si necesitas leer un documento en *Word?*

    a. Diseño impresión
    b. Esquema
    c. Lectura pantalla completa
    d. Diseño web

Ejercicios de autoevaluación
Unidad de Aprendizaje 6

1. Determina si la siguiente frase es verdadera o falsa.

Por motivos de memoria principal, *Word* tiene limitada la creación de tablas en cuanto al número de filas y columnas.

- ○ Verdadero
- ■ **Falso**

2. La modificación del tamaño de filas y columnas de una tabla de forma manual puede hacerse, además de mediante el uso del desplazamiento de los bordes que conforman la tabla, mediante:

   a. El uso del botón Borde.
   b. El uso de tabulaciones de celda.
   c. El uso de la ficha Diseño de bordes.
   d. **El uso de los marcadores de regla.**

3. ¿Cuál es el atajo de teclado que te permite seleccionar una única celda de forma rápida?

Situándonos en la celda que queremos seleccionar, pulsaremos las teclas: [Mayús] + [Fin]

4. En una tabla, ¿cómo se denomina el campo específico en el que se escriben los datos?

   a. Fila
   b. Columna
   c. **Celda**

5. Ordena los pasos para la inserción y creación de una tabla en un documento.

   1. Definir la estructura de la tabla e insertarla en el documento.
   2. Introducir los datos en las celdas de la tabla.

3. Modificar el resto de propiedades: color, bordes y sombreado, ancho, alto, centrado, etcétera.

6. Indica si la siguiente afirmación es verdadera o falsas.

La opción Combinar celdas permite unir celdas contiguas tanto horizontal como verticalmente.

- ■ **Verdadero**
- ò Falso

7. ¿Cuál de las siguientes opciones permite que la anchura de la columna se amplíe o reduzca conforme se introduce el contenido en una celda?

a. **Autoajustar al contenido**
b. Ancho de columna fijo
c. Autoajustar a la ventana
d. Ancho automático

8. Explica cómo se modifica manualmente el tamaño de una fila o columna.

Para modificar manualmente el tamaño de una fila o columna, se utilizirán los bordes de las mismas celdas que integran esa fila o columna, o bien los marcadores de la regla horizontal y vertical.

9. Indica si la siguiente afirmación es verdadera o falsa.

Se pueden insertar o eliminar celdas y filas en un documento de *Word* en cualquier momento.

- ■ **Verdadero**
- ò Falso

10. Identifica cuál de los siguientes operadores no se puede utilizar en las tablas de *Word* para realizar cálculos.

    a. +
    b. /
    c. ^
    d. %

Ejercicios de autoevaluación
Unidad de Aprendizaje 7

1. Indica si la siguiente afirmación es verdadera o falsa.

Solo se puede corregir la ortografía una vez que se ha escrito el texto, nunca mientras se escribe el texto.

- ö Verdadero
- ■ **Falso**

2. Puedes iniciar el uso del corrector gramatical sin más al pulsar en el teclado la tecla:

- a. [F1]
- b. [F3]
- c. **[F7]**
- d. [F11]

3. ¿Cuál es la ruta que hay que seguir para la configuración de los idiomas?

Para seleccionar el o los idiomas más frecuentes en los que se va a trabajar hay que configurar el mismo, desde la ficha Archivo, seleccionar Opciones, desde este cuadro de diálogo y pulsar sobre la opción Idiomas.

Una vez que están los idiomas deseados habilitados, se podrán modificar haciendo clic en el idioma que aparece en la barra de estado.

4. Indica si la siguiente afirmación es verdadera o falsa.

Microsoft Word incorpora varias formas de revisar la ortografía. Una de ellas consiste en hacer una revisión ortográfica mientras se va escribiendo.

- ■ **Verdadero**
- ö Falso

5. **¿Cuál de las siguientes opciones de gramática permiten corregir, el** *mí* **pronombre y el** *mi* **posesivo?**

   a. Ocultar errores gramaticales solo en este documento.
   b. Revisar ortografía mientras se escribe.
   c. Palabras que se confunden frecuentemente.
   d. Estilo de escritura.

6. **Indica si la siguiente afirmación es verdadera o falsa.**

   La autocorrección no se puede desactivar, pues solo corrige errores inequívocos.

   ○ Verdadero
   ■ **Falso**

7. **Indica de qué formas se puede acceder al menú de sinónimos.**

   Para encontrar el sinónimo de una palabra, situar el cursor sobre dicha palabra y seleccionar el botón Sinónimos en el grupo Revisión de la ficha Revisar. También se puede presionar las teclas [MAYÚS + F7] para activarlo.

   De todos modos, el método más fácil para utilizar los sinónimos es posicionarse sobre la palabra que deseamos cambiar y seleccionar la opción Sinónimos del menú Contextual. De este modo, podremos elegir directamente la palabra por la que se sustituirá la original.

8. **Ordena los pasos a seguir para la traducción de un archivo.**

   1. En la pestaña Revisar del grupo Idioma en el archivo que se desea traducir, hacer clic en Traducir.
   2. A continuación Establecer el idioma de traducción.
   3. En el panel Traductor elegir idiomas para la traducción, hacer clic en los idiomas para traducir que desees en Del y A y después pulsar el botón Aceptar.
   4. En el panel Traductor pulsar el botón Traducir.

Ejercicios de autoevaluación
Unidad de Aprendizaje 8

1. ¿Cuál es el atajo de teclado para abrir el cuadro de diálogo de impresión?

    a. [Ctrl] + [I]
    b. [Ctrl] + [P]
    c. [Alt] + [I]
    d. [Alt] + [P]

2. Completa la siguiente oración.

La impresora que por defecto tienes configurada para realizar impresiones se conoce como **impresión rápida.**

3. Indica si la siguiente afirmación es verdadera o falsa.

Solo se podrán imprimir documentos utilizando el comando [Alt] + [I] y desde el botón Impresión rápida.

    ȯ Verdadero
    ■ **Falso**

4. ¿En cuál de las siguientes opciones se especifica el número de copias que se necesitan imprimir de un mismo documento?

    a. Páginas
    b. Copias
    c. Propiedades de impresora
    d. Selección de impresión

5. Explica cómo se configura una nueva impresora.

Para la configuración de una nueva impresora, ir al Panel de control, desde la opción Dispositivos e impresoras, seleccionar de entre las opciones superiores, Agregar una impresora.

Seguir las instrucciones que vaya dando el Asistente, una vez terminada la instalación, podemos imprimir una página de prueba. Debemos asegurarnos que la impresora esté encendida y preparada para imprimir.

Ejercicios de autoevaluación
Unidad de Aprendizaje 9

1. ¿Cuál de las siguientes opciones no está incluida en las opciones de Finalizar y Combinar?

    a. Combinar documentos.
    b. Editar documentos individuales.
    c. Imprimir documentos.
    d. Enviar mensajes de correo electrónico.

2. Cuando se combina correspondencia, ¿qué información contiene el documento principal?

El documento principal contiene tanto la parte fija (cuerpo de la carta, sobre, fax, etc.) como la parte variable (campos), que toman su valor de un origen de datos seleccionable.

3. Identifica cuál de las siguientes opciones permiten establecer el saludo del documento.

    a. Bloque de direcciones
    b. Vista previa de resultados
    c. Línea de saludo

4. Indica si la siguiente afirmación es verdadera o falsa.

Microsoft Word ofrece la posibilidad de escribir un sobre o etiqueta, aprovechando las facilidades de formato de las funciones Sobres y Etiquetas.

    ■ **Verdadero**
    ŏ Falso

Ejercicios de autoevaluación
Unidad de Aprendizaje 10

1. Indica si la siguiente afirmación es verdadera o falsa.

Es posible buscar imágenes prediseñadas en el procesador de texto *Word.*

- ■ **Verdadero**
- ○ Falso

2. Mediante *Word,* ¿cuál de las siguientes opciones puedes modificar?

    a. El histograma de la imagen.
    b. La distribución de los píxeles de la imagen.
    c. El balance de blancos de una imagen.
    d. El brillo de una imagen.

3. Relaciona los siguientes conceptos.

    a. WordArt
    b. Cuadro de texto
    c. Autoforma

    <u>c.</u> Figura predefinida de forma.
    <u>a.</u> Galería de estilos de texto.
    <u>b.</u> Contenedor móvil de tamaño variable.

4. Indica si la siguiente afirmación es verdadera o falsa.

Desde *Word* se puede comprimir el tamaño de una imagen para que esta ocupe menos espacio en el documento.

- ■ **Verdadero**
- ○ Falso

5. ¿Qué tipo de efecto permite aplicar un borde predefinido a la imagen seleccionada?

    a. Estilos rápidos
    b. Borde de la imagen
    c. Efectos de imagen
    d. Diseño de imagen

6. Necesitas que la imagen se muestre detrás de un texto, ¿qué comando permite utilizar esta utilidad?

    a. Posición
    b. Ajustar texto
    c. Enviar atrás
    d. Traer al frente

7. ¿Qué utilidad de *Word* te permitirá incluir organigramas prediseñados?

    a. *WordArt*
    b. *SmartArt*
    c. Autoformas
    d. Gráficos

Ejercicios de autoevaluación
Unidad de Aprendizaje 11

1. ¿Qué es un estilo?

Un estilo es un conjunto de características de formato unidas bajo un mismo título que, aplicadas a un bloque de texto, permiten agregárselas de una forma rápida y sencilla.

2. ¿Cómo se llama la plantilla de estilos predeterminada de *Word*?

 a. Normal.doc.
 b. Normalx.doc.
 c. Normal.dotx.
 d. xNormal.doc.

3. Indica si las siguientes afirmaciones son verdaderas o falsas.

 a. El estilo de párrafo controla totalmente la apariencia del documento.

 ○ **Verdadero**
 ■ Falso

 b. El estilo de carácter afecta solo al texto seleccionado en un párrafo.

 ○ **Verdadero**
 ■ Falso

4. ¿Se puede borrar un estilo?

 a. Sí, se pueden borrar los estilos generados por el usuario.
 b. Sí, siempre que se encuentre repetido.
 c. En ningún caso se podrá borrar un estilo.

5. Indica si las siguientes afirmaciones son verdaderas o falsas.

a. El uso de estilos ralentiza la creación y edición de documentos, aunque ayuda a organizarlos con formatos específicos.

- Verdadero
- **Falso**

b. En la cinta de opciones hay una lista de estilos desplegable donde se encuentran todos los estilos contenidos en la plantilla que tengamos abierta.

- **Verdadero**
- Falso

Ejercicios de autoevaluación
Unidad de Aprendizaje 12

1. Indica si la siguiente afirmación es verdadera o falsa.

Microsoft Word incorpora plantillas para diseñar informes.

- ■ **Verdadero**
- ᵒ Falso

2. ¿Qué es una plantilla?

Una plantilla es un modelo predefinido que se utiliza para ayudar a realizar los documentos de una forma más rápida y sencilla. Por ejemplo, *Microsoft Word* proporciona plantillas para memorandos, informes, portadas para faxes y otros.

3. Indica si la siguiente afirmación es verdadera o falsa.

Las plantillas predeterminadas que ofrece *Word* presentan un diseño fijo, no pueden modificarse.

- ᵒ Verdadero
- ■ **Falso**

4. ¿Cuál es el formato en que se guardan las plantillas de *Word*?

- **a. .dotx**
- b. .doc
- c. .docx
- d. .txt

Ejercicios de autoevaluación
Unidad de Aprendizaje 13

1. ¿Qué herramienta usarías para hacer alusión a un concepto que ya has descrito en un tema anterior?

Referencias cruzadas

2. Indica si la siguiente afirmación es verdadera o falsa.

La tabla de contenido contiene una lista de palabras clave.

- ○ Verdadero
- ■ **Falso**

3. ¿Qué herramienta permite organizar y modificar documentos extensos, dividiéndolos en subdocumentos más pequeños y fáciles de manejar?

- a. **Documentos maestros**
- b. Títulos numerados
- c. Referencias cruzadas
- d. Índice

4. Indica si la siguiente afirmación es verdadera o falsa.

El índice contiene los títulos de los temas y subtemas que forman el documento.

- ○ Verdadero
- ■ **Falso**

5. ¿Qué herramienta ayuda a localizar la información de forma rápida a través de un esquema?

- a. Documentos maestros
- b. **Títulos numerados**
- c. Referencias cruzadas
- d. Índice

6. Indica si la siguiente afirmación es verdadera o falsa.

Cuando un documento de trabajo se modifica y cambia la posición de una referencia cruzada, esta se actualiza automáticamente.

■ **Verdadero**
ŏ Falso

7. Explica qué es un documento maestro.

Un documento maestro es un documento que puede, además de contener gráficos, tablas, texto, etc., contener enlaces a un conjunto de archivos separados (subdocumentos) que pueden tratarse independientemente como documentos normales, de tal forma que las modificaciones que se produzcan en los subdocumentos se verán reflejadas automáticamente en el documento maestro.

Ejercicios de autoevaluación
Unidad de Aprendizaje 14

1. Determina si la siguiente frase es verdadera o falsa.

Cuando pegas un objeto de *Microsoft Excel* creas automáticamente un vínculo dinámico.

- ☉ Verdadero
- ■ **Falso**

2. ¿Qué es la tecnología OLE?:

- a. Tecnología de orden, limpieza y estructuras.
- b. Tecnología de operaciones lineales y educativas.
- c. Tecnología de organización de libros y ejemplos.
- d. **Tecnología de vinculación e incrustación de objetos.**

3. Determina si la siguiente frase es verdadera o falsa.

En un objeto vinculado la información se puede actualizar si se modifica el archivo de origen.

- ■ **Verdadero**
- ☉ Falso

4. Determina si la siguiente frase es verdadera o falsa.

En un objeto incrustado la información del archivo de *Word* no cambia si se modifica el archivo de Excel de origen.

- ■ **Verdadero**
- ☉ Falso

5. **Cuando se inserta una presentación de *PowerPoint* como objeto, ¿qué se muestra?**

    a. **Se muestra la primera diapositiva.**
    b. Se muestra el icono de *PowerPoint,* al pulsar sobre él se abrirá la presentación.
    c. Se muestran todas las diapositivas.

Ejercicios de autoevaluación
Unidad de Aprendizaje 15

1. Completa la siguiente oración:

Un comentario es un texto que a modo de nota aparece **fuera** del documento de trabajo vinculado a una **palabra o textl clave** de este.

2. ¿Mediante qué ficha se hace la inserción de un comentario?

    a. Correspondencia
    b. Revisar
    c. Vista
    d. Complementos

3. Indica si las siguientes afirmaciones son verdaderas o falsas:

    a. Puedes asignar una contraseña a un documento de modo que solo los revisores que la conozcan puedan quitar la protección contra la inserción de comentarios y marcas de revisión.

        ■ **Verdadero**
        ■ Falso

    b. El desplazamiento sincrónico pone en posición vertical ambas ventanas de los documentos, en caso de haber modificado su posición inicial.

        ■ Verdadero
        ■ **Falso**

Ejercicios de autoevaluación
Unidad de Aprendizaje 16

1. Indica si la siguiente afirmación es verdadera o falsa.

Puedes crear una macro con el nombre 1Macro1 para construir una tabla 2x2.

- ○ Verdadero
- ■ **Falso**

2. ¿Qué es una macro?

Una macro consiste en una serie de comandos e instrucciones que se agrupan en un solo comando, de manera que la tarea pueda realizarse automáticamente.

3. Indica si la siguiente afirmación es verdadera o falsa.

Una macro solo puede grabarse mediante la grabación de pasos y acciones que el usuario realiza.

- ○ Verdadero
- ■ **Falso**

4. ¿Qué opción nos permite acceder al cuadro desde el que se manejan todas las macros guardadas?

- a. **Ver macros**
- b. Mostrar macros
- c. Definir macros
- d. Grabar macro

Solucionario de

actividades

Actividad 1

Ana, alumna del curso, pone en práctica la materia estudiada, al día siguiente, en el foro de dudas de la unidad didáctica plantea las siguientes afirmaciones. Contesta según tu criterio si estas son verdaderas o falsas.

a. El único método para salir de *Microsoft Word* es a través de la ruta Archivo → Salir.

- ■ Verdadero
- ■ Falso

b. Para acceder al programa de tratamiento de textos, *Microsoft Word,* siempre se accederá mediante el acceso directo localizado en el escritorio de Windows.

- ■ Verdadero
- ■ Falso

Solución

La primera afirmación es falsa, ya que para salir de *Microsoft Word,* además de utilizar la opción Archivo de la barra de herramientas de acceso rápido, de la opción Salir de **Microsoft Word,** se puede hacer de distintas formas, entre ellas:

- Utilizar el botón Cerrar de la barra de título.
- Pulsar la combinación de teclas Alt + F4.

La segunda afirmación también es falsa, ya que para acceder al programa de tratamiento de textos, *Microsoft Word,* además del acceso directo localizado en el escritorio de Windows, se puede hacer por diferentes vías, entre ellas:

- Menú Inicio a través del botón Iniciar de *Windows* y hacer clic en el enlace *Microsoft Word.*
- Menú Inicio y abrir un nuevo submenú, *Microsoft Office,* para llegar hasta *Microsoft Word.*

Actividad 2

Tras la explicación de la ayuda de *Microsoft Word,* Pedro, alumno del curso, a través del correo electrónico, plantea las siguientes dudas su profesor. ¿Cuál sería tu respuesta a las mismas?

a. El panel de ayuda puede extraerse a una ventana independiente de *Word.*

- Verdadero
- Falso

b. El botón Mostrar aprendizaje, contiene los principales temas, distribuidos en apartados o categorías relacionadas con otro programa diferente a *Word.*

- Verdadero
- Falso

Solución

El botón Mostrar aprendizaje contiene una serie de libros con los temas de ayuda. Al ir haciendo clic sobre ellos, se irán abriendo, mostrándonos el contenido de los temas de ayuda.

El panel de ayuda podemos redimensionarlo en la ventana de *Word,* o moverlo para que aparezca en una ventana independiente a la de *Word.*

Actividad 3

Tras explicar la importancia de considerar posturas corporales ante el terminal informático o teclado, con el fin de prevenir dolencias y posibles problemas, indica la veracidad o falsedad de las afirmaciones que se plantean.

a. Coloca el teclado y el ratón a unos 10 o 15 cm del borde de la mesa.

- Verdadero
- Falso

b. La distancia a la pantalla debe ser de unos 20 cm.

- Verdadero
- Falso

c. Mantenga la pantalla frente a la línea visual, evitando los giros del cuello.

- Verdadero
- Falso

d. Ajuste el respaldo de su asiento hasta que entre los muslos y la espalda haya unos 90°.

- Verdadero
- Falso

e. No deben apoyarse los antebrazos y muñecas en los apoyabrazos de la silla.

- Verdadero
- Falso

Solución

1. Coloque el teclado y el ratón a unos 10 o 15 cm del borde de la mesa.
2. La distancia a la pantalla debe ser de unos 60 cm, aunque también dependerá del tamaño de la pantalla y del tipo.
3. Siempre se ha de mantener la pantalla frente a la línea visual, evitando los giros del cuello.
4. Se ha de ajustar el respaldo del asiento hasta que entre los muslos y la espalda haya unos 90°.
5. Deben apoyarse los antebrazos y muñecas en los apoyabrazos de la silla o en el borde de la mesa.

Actividad 4

Pedro, alumno del curso, para practicar los conceptos vistos en clase, propone a modo de esquema circular los pasos necesarios para realizar la copia de un párrafo, y situar esta al final del documento.

Según tus conocimientos aprendidos, ¿qué orden darías a las siguientes opciones?

    a. Pulsar las teclas [Ctrl] + [Fin].
    b. Seleccionar el párrafo deseado.
    c. Realizar un clic en el botón Pegar situado en la cinta de opciones.
    d. Realizar un clic en el botón Copiar situado en la cinta de opciones.

Solución

El orden correcto es:

1. Seleccionar el párrafo deseado.
2. Realizar un clic en el botón Copiar situado en la cinta de opciones.
3. Pulsar las teclas [Ctrl] + [Fin].
4. Realizar un clic en el botón Pegar situado en la cinta de opciones.

Actividad 5

Carlos, alumno del curso, extrae a modo de esquema los comandos o combinación de teclas empleadas en la creación, tratamiento y ubicación de documentos de texto y su principal cometido.

Según tus conocimientos aprendidos, ¿qué relación crees que guardan?

    a. [Ctrl + U]
    b. [Ctrl + F4]
    c. [Ctrl + G]
    d. [Ctrl + A]

1. Cerrar documento
2. Abrir documento
3. Nuevo documento
4. Guardar documento

Solución

a. 3
b. 1
c. 4
d. 2

Actividad 6

María, alumna del curso, tras la explicación teórica se plantea en casa practicar con el contenido aprendido, se dispone a insertar viñetas a una enumeración, para ello, a modo de esquema muestra el orden que ha seguido.

Según tus conocimientos, ¿qué orden seguirías para tal proceso?

a. Acceder al menú Inicio y seguidamente al grupo Párrafo.
b. Seleccionar los párrafos deseados.
c. Seleccionar la viñeta deseada.
d. Desplegar el botón de selección de la opción Viñetas.

Solución

Para dar formato de viñetas a un texto previamente escrito, el orden correcto sería:

1. Seleccionar los párrafos deseados.
2. Acceder al menú Inicio y seguidamente al grupo Párrafo.
3. Desplegar el botón de selección de la opción Viñetas.
4. Seleccionar la viñeta deseada.

Actividad 7

Tras conocer el significado del término tabulación, los diferentes tipos con los que contamos, así como el manejo con los mismos. Indica la veracidad o falsedad de las siguientes afirmaciones que se plantean.

a. Los tabuladores van a determinar el modo en que el texto se alinea bajo la misma.

- ■ Verdadero
- ■ Falso

b. A través del selector de tabulaciones, que se encuentra a la izquierda de la regla, se podrán establecer las mismas sobre la regla y de forma más rápida.

- ■ Verdadero
- ■ Falso

c. Un tabulador es un punto de parada en una línea de texto, en un renglón, al que se puede "saltar" pulsando la tecla de tabulación [Tab] y que por defecto, el procesador establece cada 1,25 cm una de otra.

- ■ Verdadero
- ■ Falso

d. El establecimiento de los tabuladores siempre se realizará a través del cuadro de diálogo Párrafo de la ficha Diseño de página.

- ■ Verdadero
- ■ Falso

e. Los tipos de tabuladores existentes son: izquierda y centro.

- ■ Verdadero
- ■ Falso

Solución

1. Los tabuladores van a determinar el modo en que el texto se alinea bajo la misma.
2. A través del selector de tabulaciones, que se encuentra a la izquierda de la regla, se podrán establecer las mismas sobre la regla y de forma más rápida.
3. Un tabulador es un punto de parada en una línea de texto, en un renglón, al que se puede "saltar" pulsando la tecla de tabulación [Tab] y que por defecto, el procesador establece cada 1,25 cm una de otra.

4. Los tabuladores se podrán fijar bien desde el cuadro de diálogo Párrafo y también desde la regla horizontal del documento.
5. Los tipos de tabuladores que permite el procesador de textos son cinco tipos distintos: derecha, izquierda, centrada, decimal y barra.

Actividad 8

Tras la explicación, Mario alumno del curso, plantea las siguientes afirmaciones en relación a la inserción de columnas en el documento.

Según tus conocimientos, ¿qué veracidad o falsedad merecen las mismas?

a. Para establecer unas características concretas a las diferentes columnas se tendrá que acceder al cuadro de diálogo Columnas.

- Verdadero
- Falso

b. El texto se podrá distribuir en solo dos columnas, aunque estas podrán tener dimensiones diferentes.

- Verdadero
- Falso

c. Se podrá distribuir el texto en columna con carácter previo a la inserción del texto, así como una vez introducido.

- Verdadero
- Falso

d. Para la distribución del texto en columnas, siempre se deberá seleccionar el texto a distribuir y seguidamente elegir el número de columnas preestablecidas que existen al desplegar el botón de columnas.

- Verdadero
- Falso

Solución

1. Para establecer unas características concretas a las diferentes columnas se tendrá que acceder al cuadro de diálogo Columnas.
2. Si necesitas un número de columnas que no coincide con los tipos disponibles como preestablecidas, podrá configurar el número de columnas que desees desde el cuadro de diálogo Columnas.
3. El texto en columna se podrá distribuir con carácter previo a la inserción del mismo, así como una vez introducido.
4. Se podrá distribuir el texto en columna con carácter previo a la inserción del texto, así como una vez introducido.

Actividad 9

Te dispones a insertar una tabla y dar formato a la misma, para ello se plantean la siguiente secuencia, cuál crees que es el orden correcto a seguir.

a. Arrastra o selecciona las siguientes opciones para ordenarlas.
b. Situar el cursor de textos en el lugar en que quieres insertar la tabla y selecciona la opción de menú Tabla\Insertar tabla...
c. Selecciona, si quieres, alguna de las características de autoajuste. También puedes elegir alguno de los autoformatos predefinidos haciendo clic en el botón etiquetado con Autoformato...
d. En la caja de diálogo "Insertar tabla", que se abre ahora, especifica el número de columnas y de filas que va a tener (ej. 7 columnas y 5 filas). Más adelante lo podrás modificar.
e. A continuación, para modificar la primera fila, una vez insertada la tabla deberás seleccionarla y aplicar color mediante la opción sombreado. Procede de igual forma para colorear otras partes de la tabla.
f. Finalmente, haz clic sobre el botón etiquetado Aceptar.

Solución

1. El orden correcto es:

2. Situar el cursor de textos en el lugar en que quieres insertar la tabla y selecciona la opción de menú Tabla\Insertar tabla...

3. En la caja de diálogo "Insertar tabla", que se abre ahora, especifica el número de columnas y de filas que va a tener (ej. 7 columnas y 5 filas). Más adelante lo podrás modificar.

4. Selecciona, si quieres, alguna de las características de autoajuste. También puedes elegir alguno de los autoformatos predefinidos haciendo clic en el botón etiquetado con Autoformato....

5. Finalmente, haz clic sobre el botón etiquetado Aceptar.

6. A continuación, para modificar la primera fila, una vez insertada la tabla deberás seleccionarla y aplicar color mediante la opción sombreado. Procede de igual forma para colorear otras partes de la tabla.

Actividad 10

1. ¿La revisión ortográfica detectará error en la frase; "La hola rompió en la arena"?

    a. No, porque "hola es una palabra correcta."
    b. No, porque "hola tiene dos significados."
    c. No, porque no hay ningún error.

2. ¿Qué diferencia hay entre "Revisar ortografía al finalizar" y "Revisar ortografía mientras se escribe"?

    a. "Revisar al finalizar" realiza una revisión mejor.
    b. "Revisar mientras se escribe" consume menos recursos.
    c. La diferencia fundamental radica en el momento en que se realiza la revisión.

3. ¿Cuándo debemos "Agregar" una palabra al diccionario?

    a. Cuando sea correcta y no exista en el diccionario.
    b. Cuando no exista en el diccionario.
    c. No conviene agregar palabras al diccionario porque la revisión se hace más lenta.

4. Con la autocorrección puedo añadir reglas para...

   a. ... que se sustituya una palabra errónea por otra correcta.
   b. ... evitar tener que utilizar la corrección ortográfica.
   c. ... corregir automáticamente todos los errores.

Solución

1. Hola es una palabra correcta si se refiere a un saludo, aunque en este caso se debería haber utilizado la palabra ola sin "h".
2. Ambas formas de revisar la ortografía del documento son iguales, a diferencia que Revisar ortografía al finalizar no irá marcándonos los errores que se están cometiendo, será al final, una vez que se active dicha opción. En el caso de Revisar mientras se escribe, sobre la marcha conforme se escribe se detectan los posibles errores ortográficos y/o gramaticales que se están cometiendo.
3. Agregar palabras al diccionario es posible siempre, para ello sobre la palabra en cuestión pulsar con el botón derecho del ratón y seleccionar la opción Agregar al diccionario.
4. La autocorrección es una utilidad que permite reducir el tiempo y el esfuerzo empleado en un documento, su principal cometido es corregir un texto de forma automática, para ello debe ajustar la configuración de esta.

Actividad 11

1. Acabamos de comprar una impresora de tecnología *Plug&Play* y nos disponemos a instalarla y configurarla en nuestro equipo, ¿qué pasos tenemos que seguir?

   a. Prácticamente nada, el sistema operativo la reconoce automáticamente.
   b. Solo dar el modelo de la impresora.
   c. Debemos rellenar varios cuadros de diálogo con las preguntas que nos hará un asistente.

2. Una vez tenemos instalada la impresora, nos disponemos a imprimir nuestro primer trabajo bajo la opción Impresión rápida, ¿qué ocurrirá?

a. El documento se imprimirá a baja calidad.
b. El documento se imprimirá utilizando menos tinta.
c. El documento se imprimirá utilizando las opciones por defecto configuradas en la impresora.

Solución

1. Hoy en día es muy fácil instalar nuevos dispositivos hardware, como impresoras, ya que la mayoría utilizan la tecnología *Plug&Play* que hace que el sistema operativo reconozca la nueva impresora nada más conectarla al equipo.
No obstante, en algunos casos podemos necesitar hacer el proceso manualmente, cuando conectamos una impresora al equipo es preciso instalar los controladores para que el sistema la reconozca.
2. Al imprimir desde esta opción, no se permite modificar ninguna característica de la impresión, el documento se imprime directamente con las opciones definidas por defecto ya que es la primera vez que se imprime.

Actividad 12

Carlos ha decidido enviar a una serie de clientes una oferta promocional, para ello, una vez ha combinado la correspondencia adecuada, se plantea la siguiente duda, ayúdale y selecciona la opción que consideres correcta.

"Cuando nos desplazamos por los registros..."

a. ... vemos una copia del documento principal por cada registro del origen de datos antes de aplicar el filtro.
b. ... vemos una copia del documento principal por cada registro del origen de datos después de aplicar el filtro.
c. ... para poder ir de un registro a otro tenemos primero que combinar en un documento nuevo.

Solución

Con el botón Vista previa de resultados se podrá ver cómo los campos variables toman los valores de la fuente de datos seleccionada, del mismo modo se podrá navegar por los campos variables mediante los botones de navegación del grupo.

Actividad 13

Una alumna de un curso en modalidad online de "Creación de documentos con *Word* 2010", no consigue encontrar la imagen que quiere utilizar, por lo que se pone en contacto con el tutor del curso por teléfono, pero justo en ese momento, el docente se encuentra ocupado con otro grupo en una sesión de chat, por lo que le indica que se pondrá en contacto con ella para explicárselo cuando termine para solucionar sus dudas.

¿Cuál o cuáles de estas herramientas de imágenes serían las más adecuadas para resolver a la alumna sus dudas?

a. Imágenes desde un archivo.
b. Imágenes online.
c. Formas.
d. SmartArt.
e. WordArt.

1. La galería que ofrece *Office*.
2. Permite crear organigramas y diagramas.
3. Archivos de imágenes almacenados previamente en el equipo.
4. Para insertar rótulos en su documento.
5. Para insertar figuras geométricas.

Solución

Las herramientas más adecuadas para resolver la duda de la alumna serían:

- Imágenes desde un archivo: Para insertar archivos de imágenes almacenados previamente en el equipo.
- Imágenes *online:* Para insertar archivos de imágenes de la galería que ofrece *Office*.
- Formas: Para insertar figuras geométricas.
- *SmartArt:* Permite crear organigramas y diagramas.
- *WordArt:* Para insertar títulos o rótulos en su documento.

Actividad 14

Atendiendo a los títulos numerados contesta a las siguientes afirmaciones indicando su veracidad o falsedad.

1. *Microsoft Word* cuenta con ocho estilos para los títulos numerados.

   - Verdadero
   - Falso

2. No se podrá crear estilos personalizados para los títulos, aunque sí se podrá agregar números a los títulos.

   - Verdadero
   - Falso

3. Al aplicarse un estilo de título también se asigna el nivel de esquema correspondiente.

   - Verdadero
   - Falso

4. Los estilos para los títulos cuentan con sus propias características de formato: fuente, tamaño de letra, nivel de esquema definido, etc.

   - Verdadero
   - Falso

Solución

1. *Microsoft Word* cuenta con nueve estilos para los títulos numerados.
2. Los estilos para los títulos cuentan con sus propias características de formato: fuente, tamaño de letra, nivel de esquema definido, etc.
3. Al aplicarse un estilo de título también se asigna el nivel de esquema correspondiente.
4. Desde el procesador de texto se podrán crear estilos personalizados, estos se crearán según las necesidades del usuario.

Actividad 15

Atendiendo a la inserción de elementos de *Excel* a *Word* contesta a las siguientes afirmaciones indicando su veracidad o falsedad.

1. Se seleccionará la opción de Pegar vínculo para insertar un objeto incrustado o la opción Pegar para insertar un vínculo al objeto.

   - Verdadero
   - Falso

2. De manera predeterminada, los objetos vinculados se actualizan automáticamente. Es decir, Word actualiza la información vinculada cada vez que se abre el archivo de *Word* o siempre que el archivo *Excel* de origen cambie mientras esté abierto el archivo de *Word*.

   - Verdadero
   - Falso

3. Para Insertar una hoja *Excel* previamente seleccionada y una vez determinado el lugar para su inserción en *Word*, se accederá al grupo Portapapeles de la ficha Inicio y se seleccionará el Pegado especial tras desplegar la flecha de la opción Pegar.

   - Verdadero
   - Falso

4. La configuración de los objetos vinculados individuales se podrá modificar, de tal forma que el objeto vinculado no se actualice o se actualice solo cuando el lector del documento elija actualizarlo manualmente.

   - Verdadero
   - Falso

Solución

1. Si queremos insertar un objeto incrustado seleccionar la opción Pegar, en el caso que se quiera insertar un objeto vinculado, elegiremos la opción Pegado especial.

2. De manera predeterminada, los objetos vinculados se actualizan automáticamente. Es decir, *Word* actualiza la información vinculada cada vez que se abre el archivo de Word o siempre que el archivo *Excel* de origen cambie mientras esté abierto el archivo de *Word.*

3. Para Insertar una hoja *Excel* previamente seleccionada y una vez determinado el lugar para su inserción en *Word,* se accederá al grupo Portapapeles de la ficha Inicio y se seleccionará el Pegado especial tras desplegar la flecha de la opción Pegar.

4. La configuración de los objetos vinculados individuales se podrá modificar, de tal forma que el objeto vinculado no se actualice o se actualice solo cuando el lector del documento elija actualizarlo manualmente.

Actividad 16

Atendiendo a los conceptos explicados sobre la comparación de documentos, se exponen una serie de afirmaciones, selecciona aquella que no consideres correcta.

a. *Word* permite comparar documentos y ver al mismo tiempo un documento original y el documento final.

b. Para llevar a cabo la comparación se abren los dos documentos y desde el documento original se accederá a la ficha Vista y se seleccionará la opción de Ver en paralelo.

c. Ejecutada la opción de Ver en paralelo, la pantalla se dividirá por la mitad en posición horizontal quedando un documento sobre el otro.

d. En la ficha Vista se muestra la opción de Desplazamiento sincrónico que permite el desplazamiento por ambos documentos a la vez.

Solución

Word permite comparar documentos mediante herramientas específicas, una de las formas más visuales que posee para este fin es, ver al mismo tiempo ambos documentos, el documento original y el documento final.

Con la opción Ver en paralelo, activada se verán ambos documentos a la vez en la pantalla dividida por la mitad en posición vertical, un documento al lado del otro.

Actividad 17

Atendiendo a la automatización de tareas repetitivas, indica la veracidad o falsedad de las siguientes afirmaciones.

a. Al poner en marcha la grabadora de una Macro se almacenarán todos los comandos que se ejecuten.

- Verdadero
- Falso

b. Una vez en marcha la grabadora se podrá utilizar el ratón y el teclado para desplazarse por el documento.

- Verdadero
- Falso

c. Para grabar una macro se accederá a la ficha Vista, seguidamente se pulsará el botón Macros y por último se selecciona la opción Grabar macro.

- Verdadero
- Falso

d. Una vez cumplimentados los campos de la ventana Grabar macro y tras pulsar el botón Aceptar, se terminará la grabación de la macro.

- Verdadero
- Falso

Solución

a. Al poner en marcha la grabadora de una Macro se almacenarán todos los comandos que se ejecuten.

b. Una vez en marcha la grabadora se podrá utilizar la combinación de teclas o botón en la barra de herramientas para desplazarse por el documento.

c. Para grabar una macro se accederá a la ficha Vista, seguidamente se pulsará el botón Macros y por último se selecciona la opción Grabar macro.

d. Una vez cumplimentados los campos de la ventana Grabar macro y tras pulsar el botón Aceptar, da comienzo la grabación de la macro.

Aplicaciones informáticas de hojas de cálculo

Ejercicios de autoevaluación
Unidad de Aprendizaje 1

1. ¿Cuántas columnas se pueden incluir en una hoja de cálculo?

    a. Un millón
    b. 75.000
    c. 16.000
    d. 1000

2. Cita los nombres de las cinco vistas que le ofrece *Office* para una hoja de cálculo.

    ➲ Vista normal.
    ➲ Vista diseño de página.
    ➲ Vista previa de salto de página.
    ➲ Vistas personalizadas.
    ➲ Vista de pantalla completa.

3. Indica si las siguientes afirmaciones son verdaderas o falsas.

    a. Las hojas de cálculo están preparadas para la creación de gráficos.

        ■ **Verdadero**
        ■ Falso

    b. Cuando se modifican los datos de los cuales dependen las operaciones definidas en la hoja, los resultados que arrojan estas operaciones también cambian.

        ■ **Verdadero**
        ■ Falso

4. ¿Qué es la interfaz?

Término que procede de la locución inglesa interface, se traduce como 'superficie de contacto', se define como el conjunto de formas y métodos que posibilitan la interacción de un sistema con los usuarios, utilizando formas gráficas e imágenes.

5. Indica si las siguientes afirmaciones son verdaderas o falsas.

a. La única forma de crear un acceso directo de *Excel* es arrastrando al escritorio el icono que se encuentra en el botón Iniciar.

- Verdadero
- **Falso**

b. Solo se puede salir del programa *Excel* utilizando el botón Cerrar de la ventana de *Microsoft Excel*.

- Verdadero
- **Falso**

6. Indica cuál de las siguientes opciones permite ocultar o mostrar la cinta de opciones en la ventana del documento.

a. Cambiar la presentación de la cinta de opciones.
b. Cinta de opciones.
c. Personalizar barra de herramientas de acceso rápido.
d. Botón Minimizar.

7. ¿En qué lugar de la ventana podrás ver si la tecla de bloqueo de mayúsculas está pulsada?

a. En la barra de título.
b. En la barra de estado.
c. En las etiquetas de hojas.
d. En la barra de desplazamiento.

8. ¿Cuál de los siguientes botones abre la Ayuda de *Excel*?

a. [F1]
b. [F2]
c. [F3]
d. [F4]

9. **Necesitas un zoom en la hoja del 60 % y no te lo ofrece el cuadro de diálogo Zoom, ¿qué opción deberás pulsar?**

    a. Ajustar la selección a la ventana.
    b. Personalizado.
    c. Ajustar a celdas.
    d. Zoom predeterminado.

Ejercicios de autoevaluación
Unidad de Aprendizaje 2

1. Indica si la siguiente afirmación es verdadera o falsa.

La hoja de cálculo es uno de los distintos tipos de hojas que puede contener un libro de trabajo de *Excel*.

- ■ **Verdadero**
- ■ Falso

2. El formato por defecto en que *Microsoft Office Excel* almacena los libros es:

    a. ".xls".
    b. ".xlsx".
    c. ".doc".
    d. ".docx".

3. Si al cerrar un documento, *Excel* muestra un cuadro de diálogo y se pulsa en el botón Cancelar...

    a. ... no se cerrará el libro de trabajo.
    b. ... el libro se cerrará sin guardar los cambios.
    c. ... el libro se cerrará con los cambios guardados.

4. Identifica cuál de las siguientes combinaciones de teclas abre un libro de trabajo.

    a. [Ctrl + A]
    b. [Ctrl + B]
    c. [Ctrl + F]
    d. [Ctrl + U]

5. Determina cuál de las siguientes opciones permite abrir un libro de trabajo pero no permite guardar los cambios que se hagan en él.

    a. Abrir
    b. Abrir como copia
    c. Abrir como de sólo lectura
    d. Abrir en el explorador

6. ¿Qué opción escogerías para duplicar un libro de trabajo abierto?

    a. Guardar
    b. Copiar y pegar en otro directorio
    c. Renombrar libro de trabajo actual
    d. Guardar como...

Ejercicios de autoevaluación
Unidad de Aprendizaje 3

1. Indica si la siguiente afirmación es verdadera o falsa.

El desplazamiento por las celdas por medio del teclado solo se puede hacer utilizando combinaciones de teclas.

- Verdadero
- **Falso**

2. ¿Qué combinación de teclas te posicionará en la primera fila de la columna en que te encuentres?

- a. [RePág]
- b. [AvPág]
- c. [Fin]
- **d. [Inicio]**

3. ¿Qué combinación de teclas te situará en la celda A1?

- a. [Ctrl + →]
- b. [Ctrl + Fin]
- **c. [Ctrl + Inicio]**
- d. [AvPág]

4. Indica si la siguiente afirmación es verdadera o falsa.

Es posible moverse por diferentes hojas dentro de un libro utilizando el ratón o combinaciones de teclas.

- **Verdadero**
- Falso

5. **¿Cuál es la forma más eficiente de realizar grandes desplazamientos dentro de una hoja de cálculo?**

Existe una forma de situarse en una celda concreta sin utilizar las teclas de movimiento o el ratón; esto se puede hacer mediante la opción **Ir a.** Para acceder al cuadro de diálogo **Ir a,** puedes pulsar la tecla [F5], pulsar la combinación de teclas [Ctrl + I], o bien, ir al grupo de opciones **Modificar** de la ficha **Inicio,** botón **Buscar** y seleccionar, opción **Ir a.**

Ejercicios de autoevaluación
Unidad de Aprendizaje 4

1. ¿Qué carácter se utiliza como notación científica?

    a. E
    b. F
    c. P
    d. R

2. Cuando se introduzca una fecha comprendida entre los años _____ y _____ solo será necesario introducir los dos últimos dígitos del año. ¿Qué años son?

    a. ... 1000 y 2000
    b. ... 1929 y 2029
    c. ... 1092 y 2092
    d. ... 1902 y 2902

3. Indica si las siguientes afirmaciones son verdaderas o falsas.

    a. Las funciones no tienen por qué seguir una sintaxis concreta porque *Excel* tiene la capacidad de entender qué es lo que se está intentando calcular.

        ■ Verdadero
        ■ **Falso**

    b. Para confirmar el valor escrito en una celda solo se podrá utilizar la tecla [Intro].

        ■ Verdadero
        ■ **Falso**

4. ¿Cuáles de los siguientes métodos son válidos para escribir un número negativo en *Excel*?

    a. Precediendo el número del signo "!".
    b. Poniendo el número entre paréntesis.

    c. Poniendo el número entre comillas.

    d. Precediendo el número del signo "-".

5. Indica si las siguientes afirmaciones son verdaderas o falsas.

    a. Si un número no cabe en su celda, como primera medida se pasará automáticamente a anotación científica.

- **Verdadero**
- Falso

    b. Se pueden incluir los puntos de miles en los números introducidos como constantes.

- **Verdadero**
- Falso

6. ¿Cuántos caracteres de texto puede incluir una celda?

    a. 1000
    b. 3000
    c. 10.000
    d. 16.000

7. ¿Qué signo se utiliza para separar los argumentos?

    a. [:]
    b. [;]
    c. [,]
    d. [.]

Ejercicios de autoevaluación
Unidad de Aprendizaje 5

1. ¿Qué tecla deberás pulsar para seleccionar celdas de forma salteada?

    a. [Shift]
    b. [Tab]
    c. [Ctrl]
    d. [Alt]

2. ¿Con qué tecla o combinación de teclas puedes seleccionar una columna entera?

    a. [Ctrl] + [Shift]
    b. [Alt] + [Ctrl]
    c. [Shift] + [Alt]
    d. [Alt Gr]

3. Indica si las siguientes afirmaciones son verdaderas o falsas.

    a. Desde el cuadro de nombre se podrán seleccionar celdas, pero no rangos de celda.

        ■ Verdadero
        ■ **Falso**

    b. Para seleccionar una celda desde el cuadro de nombre basta con escribir el nombre de la celda que se quiere seleccionar.

        ■ **Verdadero**
        ■ Falso

4. ¿Cuál es la diferencia entre el modo inserción y el modo sobrescribir?

En modo inserción, al introducir los datos, los que ya hay se desplazarán haciendo sitio conforme se va tecleando; y en modo sobrescribir, el texto que teclees remplazará una a una las palabras que ya había mientras escribes.

5. Indica cuál de las siguientes opciones no ofrece el botón borrar.

a. Borrar formatos
b. Borrar hipervínculos
c. Borrar símbolos
d. Borrar comentarios

6. Si al pulsar sobre una palabra mal escrita utilizas el botón Omitir todas, ¿qué ocurre?

a. Ignoras esa palabra todas las veces que salga en el documento.
b. Agregas la palabra al diccionario.
c. Corriges la palabra con la primera sugerencia que ofrece el programa.
d. Ignoras la palabra en ese caso concreto.

7. Indica si las siguientes afirmaciones son verdaderas o falsas.

a. Si se quiere hacer una búsqueda en un libro, esta hay que realizarla hoja por hoja.

- Verdadero
- **Falso**

b. Es posible limitar una búsqueda para que aparezcan solo los resultados que se reflejen en los comentarios de las celdas.

- **Verdadero**
- Falso

8. Indica si las siguientes afirmaciones son verdaderas o falsas.

a. Las búsquedas pueden limitarse para que las palabras coincidan en mayúsculas y minúsculas.

- **Verdadero**
- Falso

b. Si en el cuadro **Buscar y reemplazar,** se pulsa sobre el botón **Reemplazar,** se sustituirá la palabra indicada en todo el documento.

- Verdadero
- **Falso**

9. ¿Qué es el Portapapeles?

Es un área de almacenamiento temporal propio del entorno *Windows,* es decir, no es exclusivo de una aplicación informática concreta, que nos servirá de "saco" para transportar imágenes, texto, tablas, etc., de un sitio a otro.

Ejercicios de autoevaluación
Unidad de Aprendizaje 6

1. Indica si las siguientes afirmaciones son verdaderas o falsas.

   a. Un rango es un conjunto de celdas.

- ■ **Verdadero**
- ■ Falso

   b. Se puede configurar el controlador de relleno para que continúe automáticamente una serie de números o combinaciones de números.

- ■ **Verdadero**
- ■ Falso

2. ¿Cuál de las siguientes teclas es importante para seleccionar un rango múltiple?

   a. Alt
   b. Ctrl
   c. Shift
   d. F2

3. Completa el siguiente texto.

La función Asignar nombre se encuentra en la ficha **Fórmulas.**

4. Indica qué tipo de serie arrojará los datos 1, 2, 4, 8, 16...

   a. La serie lineal.
   b. La serie cronológica.
   c. La serie geométrica.
   d. La serie autorrellenar.

5. Indica si las siguientes afirmaciones son verdaderas o falsas.

a. Es posible realizar operaciones con rangos que se encuentran en libros distintos.

- **Verdadero**
- Falso

b. Es posible realizar operaciones con celdas que se encuentran en distintas hojas dentro de un mismo libro.

- **Verdadero**
- Falso

Ejercicios de autoevaluación
Unidad de Aprendizaje 7

1. Indica si las siguientes afirmaciones son verdaderas o falsas.

a. *Office* incorpora una serie de formatos preestablecidos de celda que se pueden aplicar de forma grupal para dar un aspecto singular a las hojas de cálculo.

- ■ **Verdadero**
- ■ Falso

b. Es posible modificar manualmente la orientación del texto dentro de una celda.

- ■ **Verdadero**
- ■ Falso

2. *Excel* puede aplicar automáticamente un formato u otro a una celda en función del valor que contenga esta. ¿Cómo se llama este tipo de herramienta?

a. Formato condicional
b. Autoformato
c. Estilo de celda
d. Estilo de hoja

3. Completa el siguiente texto.

La categoría de datos **Contabilidad** difiere del formato moneda en que alinea los símbolos de moneda y las comas decimales en una columna.

4. ¿Cuál es el formato de celda que utiliza por defecto *Excel*?

a. Número
b. General
c. Contabilidad
d. Especial

5. Identifica qué opción repite el texto hasta cubrir el ancho de la celda.

    a. Justificar
    b. Rellenar
    c. Centrar
    d. General

6. Indica si las siguientes afirmaciones son verdaderas o falsas.

    a. La opción Combinar celdas une dos o más celdas adyacentes seleccionadas en una sola.

        ■ **Verdadero**
        ■ Falso

    b. La dirección de lectura del texto en una hoja de cálculo siempre será de izquierda a derecha.

        ■ Verdadero
        ■ **Falso**

7. ¿Qué opción te permite modificar el color de relleno de una celda?

    a. Formato → Borde
    b. Estilo → Trama
    c. Formato → Relleno
    d. Estilo → Sombreado

8. Indica si las siguientes afirmaciones son verdaderas o falsas.

    a. En un libro de trabajo se puede elegir qué hojas permanecerán ocultas y cuáles no.

        ■ **Verdadero**
        ■ Falso

    b. *Excel* permite crear estilos de celda personalizados.

        ■ **Verdadero**
        ■ Falso

Ejercicios de autoevaluación
Unidad de Aprendizaje 8

1. Relaciona los siguientes términos.

  a. #¡NOMBRE!
  b. #¡DIV/0!
  c. #¡REF!

  a. Escritura incorrecta del nombre de alguna función.
  c. Referencia de celda inválida.
  b. División por cero.

2. Las fórmulas de *Excel* son fundamentales y deben ser escritas en...

  a. ... la cinta de opciones.
  b. ... la barra de funciones.
  c. ... la barra de estado.
  d. ... la barra de fórmulas.

3. Indica si las siguientes afirmaciones son verdaderas o falsas.

  a. Los operadores de comparación tienen todos la misma prioridad, es decir, son resueltos de derecha a izquierda, en el orden en que aparecen.

  ■ Verdadero
  ■ **Falso**

  b. Los operadores aritméticos sirven para ejecutar operaciones matemáticas básicas sobre datos numéricos como suma, resta o multiplicación.

  ■ **Verdadero**
  ■ Falso

4. Identifica cuál de los siguientes símbolos es el operador de concatenación de texto.

    a. $

    b. #

    c. %

    d. &

5. ¿Con qué signo se inician todas las fórmulas?

Las fórmulas deben comenzar por el signo igual =.

6. Relaciona los siguientes conceptos.

    a. Referencias

    b. Operadores

    c. Constantes

    b. Especifican el tipo de cálculo que deseas ejecutar en los elementos de una fórmula.

    a. Referente a una celda o un rango de celdas en una hoja de cálculo, e indica en qué celdas debes buscar los valores o los datos que desees utilizar en una fórmula.

    c. Puedes inmovilizar una fórmula para que no se actualice, reemplazando dicha fórmula por su valor calculado.

7. Indica si las siguientes afirmaciones son verdaderas o falsas.

    a. En una misma fórmula no puede haber direcciones de celdas absolutas y relativas.

        ■ Verdadero

        ■ **Falso**

    b. Se puede convertir una referencia relativa en absoluta mediante la tecla [F4].

        ■ **Verdadero**

        ■ Falso

8. ¿Qué tipo de error arrojará una celda que es el resultado de la suma de un número y un texto?

    a. #¡VALOR!
    b. #####
    c. #¡DIV/0!
    d. #¿NOMBRE?

9. ¿Qué tipo de error arrojará una celda que es el de una intersección de dos puntos que no intersecan?

    a. #¡VALOR!
    b. #####
    c. #¡NULO!
    d. #¿NOMBRE?

10. ¿Qué tipo de herramienta no se utiliza para resolver errores en las fórmulas?

    a. Rastrear precedentes
    b. Rastrear dependientes
    c. Rastrear error
    d. Comprobación de errores

Ejercicios de autoevaluación
Unidad de Aprendizaje 9

1. La función GRADOS...

    a. ... establece la unidad de temperatura en la que está escrita una fórmula.
    b. ... convierte radianes en grados.
    c. ... da la temperatura de una ciudad predefinida en el programa.
    d. ... se incluyó por primera vez en la versión 2007 de *Excel*.

2. Indica si las siguientes afirmaciones son verdaderas o falsas.

    a. Las funciones ocuparán siempre una sola celda.

        ■ Verdadero
        ■ **Falso**

    b. No se deben dejar espacios en blanco entre los argumentos, ni en el nombre de la función.

        ■ **Verdadero**
        ■ Falso

3. ¿Qué es el asistente para funciones?

Es una ventana a través de la cual se introduce la información precisa para escribir correctamente la función.

4. La función MAX...

    a. ... calcula la media aritmética del rango indicado.
    b. ... calcula el máximo valor de un rango dado.
    c. ... calcula los grados máximos en una fecha determinada.
    d. ... calcula el número romano que le corresponde al arábigo que se le pasa como argumento.

5. ¿Qué datos devuelve la función AHORA?

a. La hora
b. La fecha
c. La fecha y la hora
d. El resto en una división

6. Cita al menos tres categorías de funciones.

- Usadas recientemente
- Todo
- Financieras
- Fecha y hora
- Matemáticas y trigonométricas
- Estadísticas
- Búsqueda y referencia
- Base de datos
- Texto
- Lógicas
- Información
- Ingeniería

Ejercicios de autoevaluación
Unidad de Aprendizaje 10

1. ¿En qué menú se ubica la herramienta para la inserción de gráficos?

Las herramientas iniciales de inserción de gráficos están ubicadas en la sección Gráficos de la pestaña Insertar.

2. Relaciona los siguientes términos con su correspondiente definición.

   a. Leyenda
   b. Ejes
   c. Serie de datos
   d. Líneas de división

   <u>d.</u> Sirven para apreciar con facilidad los valores que alcanzan las marcas de datos.
   <u>c.</u> Son los conjuntos de datos que se representan en un gráfico.
   <u>b.</u> Son unas líneas perpendiculares que marcan la referencia para el gráfico.
   <u>a.</u> Es un recuadro en el que se identifican las marcas de datos.

3. Indica si las siguientes afirmaciones son verdaderas o falsas.

   a. Una vez elaborado un gráfico, puede modificarse seleccionando sobre los elementos que se deseen modificar.

   - **Verdadero**
   - Falso

   b. Un gráfico nunca podrá estar solo en una hoja, es necesario que los datos que lo componen se encuentren en la misma.

   - Verdadero
   - **Falso**

4. ¿Cuál de los siguientes no es un tipo de gráfico incluido en *Excel*?

    a. Circular
    b. Barra
    c. Central
    d. XY (Dispersión)

5. Indica si las siguientes frases son verdaderas o falsas.

    a. Los gráficos se actualizan automáticamente cada vez que cambiemos un valor en la hoja relacionado con el mismo.

        ■ **Verdadero**
        ■ Falso

    b. Una de las formas de borrar un gráfico en su totalidad es seleccionarlo y pulsar la tecla [F5].

        ■ Verdadero
        ■ **Falso**

Ejercicios de autoevaluación
Unidad de Aprendizaje 11

1. Relaciona los siguientes conceptos con su definición.

    a. Autoforma
    b. WordArt
    c. SmartArt

    a. Figura predefinida de forma.
    c. Representación gráfica en diagramas de información.
    b. Galería de estilos de texto.

2. ¿Cuál de los siguientes es una categoría de gráficos de *SmartArt*?

    a. Óvalo
    b. Proceso
    c. Fractal
    d. Heurístico

3. Indica si las siguientes afirmaciones son verdaderas o falsas.

    a. *Excel* permite insertar una imagen desde un archivo guardado en el equipo.

        ■ **Verdadero**
        ■ Falso

    b. *Office* tiene un repositorio de imágenes en línea clasificadas por categorías que se pueden utilizar en *Excel*.

        ■ **Verdadero**
        ■ Falso

4. ¿Qué son los minigráficos?

Los minigráficos son pequeños gráficos que se ajustan en las celdas de una hoja. Debido a su tamaño comprimido, pueden mostrar patrones en conjuntos de datos grandes de una forma concisa y muy visual.

Ejercicios de autoevaluación
Unidad de Aprendizaje 12

1. Indica si las siguientes afirmaciones son verdaderas o falsas.

a. La opción Intercalar determina el orden en el que se imprimirán las páginas si se van a imprimir varias copias.

- ■ **Verdadero**
- ■ Falso

b. Con el zoom de la ventana al 100 %, la hoja impresa coincidirá con lo que se muestra en la ventana.

- ■ Verdadero
- ■ **Falso**

2. Se puede obtener una previsualización del documento antes de su impresión, permitiendo, si fuese necesario, cambios en este, mediante...

a. **... la vista preliminar.**
b. ... el grupo impresión.
c. ... la impresión rápida.
d. ... los márgenes personalizados.

3. Indica si las siguientes afirmaciones son verdaderas o falsas.

a. *Excel* permite definir la parte de la hoja que se desea imprimir.

- ■ **Verdadero**
- ■ Falso

b. Las hojas de *Excel* solo se pueden imprimir en horizontal.

- ■ Verdadero
- ■ **Falso**

4. ¿Es posible ver cómo quedaría el documento antes de imprimirlo?

Sí, con la opción Vista previa en la parte derecha de la ventana se muestra una vista previa del documento o parte de él que será impreso.

Ejercicios de autoevaluación
Unidad de Aprendizaje 13

1. Identifica cuál de los siguientes elementos no corresponde a un criterio de validación de datos.

   a. Tabla
   b. Entero
   c. Hora
   d. Longitud del texto

2. El grupo Ordenar y Filtrar se encuentra en la ficha...

   a. ... Inicio.
   b. ... Insertar.
   c. ... Datos.
   d. Todas las opciones son incorrectas.

3. ¿Qué es la validación de datos?

   Una herramienta de *Excel* que permite controlar los errores en la entrada de datos.

4. Una tabla es...

   a. ... una autoforma creada con *SmartArt*.
   b. ... un rango de celdas determinado.
   c. ... un conjunto de datos organizados por filas y columnas.
   d. En *Excel* no se pueden crear tablas.

Ejercicios de autoevaluación
Unidad de Aprendizaje 14

1. ¿Qué usuario puede controlar quién tiene acceso a una hoja de cálculo compartida?

    a. Tanto el propietario como los administradores.
    b. Cualquier persona que tenga acceso puede invitar a un tercero.
    c. Solo el propietario de la hoja.
    d. Una hoja de cálculo no se puede compartir.

2. Indica si las siguientes afirmaciones son verdaderas o falsas.

    a. Cuando se crea un comentario en una celda de la hoja de cálculo, cualquier usuario de la hoja puede saber quién lo ha creado.

        ■ **Verdadero**
        ■ Falso

    b. No es posible modificar el nombre de usuario de una hoja de cálculo, esos datos se exportan del disco duro del ordenador.

        ■ Verdadero
        ■ **Falso**

3. ¿Por qué se protegen las hojas de cálculo? ¿Cómo se activa la protección?

La protección de un libro viene dada para evitar que se añadan o eliminen hojas, se muevan, etc. Para activar esta opción iremos a **Revisar** y en **Cambios** pulsar **Proteger libro.** Se puede proteger tanto la estructura como la ventana, etc. mediante una contraseña y **Aceptar.**

Ejercicios de autoevaluación
Unidad de Aprendizaje 15

1. Indica si la siguiente afirmación es verdadera o falsa.

Al importar un archivo se debe tener presente que es frecuente que existan problemas con fórmulas, ya que pueden no copiarse o copiarse de forma incorrecta.

- ■ **Verdadero**
- ■ Falso

2. Los asistentes de importación de datos en *Excel* se encuentra reunidos en el grupo…

- a. … **Obtener datos.**
- b. … Importar datos.
- c. … Herramientas de la opción Guardar como…
- d. … Datos.

3. Relaciona los siguientes términos.

- a. Puede importar tablas y consultas.
- b. Tiene que ser importado mediante el asistente de texto.

- **a.** Texto plano.
- **b.** *Microsoft Access.*

4. Indica si la siguiente afirmación es verdadera o falsa.

Excel puede importar una presentación completa de *PowerPoint.*

- ■ Verdadero
- ■ **Falso**

Ejercicios de autoevaluación
Unidad de Aprendizaje 16

1. Indica si la siguiente afirmación es verdadera o falsa.

a. La grabadora de macros disponible en *Excel*, permite grabar las acciones deseadas en pantalla, transcribiéndolas posteriormente y de forma automática al lenguaje informático en que el programa las usa.

   ■ **Verdadero**
   ■ Falso

b. La extensión de un documento de *Excel* normal es la misma que la que utilizan las plantillas.

   ■ Verdadero
   ■ **Falso**

c. La única forma de poner en marcha una macro grabada es pulsando la combinación de teclas correspondiente.

   ■ Verdadero
   ■ **Falso**

2. Completa el siguiente texto.

Para dar comienzo a la grabación de una macro se accederá a la pestaña **Vista** desplegando el submenú **Macros;** se seleccionará **Grabar macro...**

3. Para dar comienzo a la grabación de un macro se pulsará el botón...

a. ... **Aceptar.**
b. ... Insertar.
c. ... Guardar como...
d. Todas las opciones son incorrectas.

4. ¿Qué es una plantilla de *Excel*?

Una plantilla no es más que una hoja guardada con un formato especial para poder reutilizarla posteriormente como base para otras hojas.

actividades

Actividad 1

1. Los paneles dividen un documento en zonas, pero ¿para qué se emplean?

   a. El mismo documento se muestra en los cuatro paneles, te permite situarte donde quieras en cada uno y así trabajar fácilmente con documentos muy extensos.
   b. Para mostrar cómo quedará cuando se imprima. Cada panel representa lo que ocuparía una página impresa.
   c. Para dividir un documento en varios y poder guardarlos como archivos independientes.

2. Las líneas que dividen los paneles, ¿se pueden desplazar para dedicar más o menos espacio a cada zona?

   a. Sí, siempre.
   b. Sí, siempre y cuando no estén inmovilizados.
   c. No, son fijos.
   d. Los paneles no se dividen por líneas, sino por ventanas.

3. Si encontramos la opción Movilizar paneles, ¿a qué crees que se refiere?

   a. Permite desactivar la inmovilización de los paneles.
   b. Cada panel se convierte en una ventana independiente.
   c. Tal botón no se considera en esta aplicación.

Solución

La aplicación informática de hoja de cálculo ofrece la posibilidad de dividir una hoja en dos o cuatro paneles a fin de trabajar con una única ventana. De esta forma trabajar sobre partes que estén lejanas como si fuesen próximas manteniendo la distancia.

Actividad 2

Si Álvaro se quiere dirigir a la celda O132 de una forma rápida, ¿qué debe hacer?

a. Escribir la fila y columna en la barra de fórmulas, y automáticamente el cursor se mueve hacia esa posición.
b. Indicar la posición de la celda en el cuadro de nombres localizado a la izquierda de la barra de fórmulas y pulsar [Enter].
c. Escribir la celda en el cuadro de texto que aparece cuando se hace clic con el ratón en la esquina izquierda de la cuadrícula.
d. Indicar la fila y columna en una de las pestañas de la parte inferior de la cuadrícula y pulsar [Enter].

Solución

Para localizar de forma rápida la celda O132, puedes hacerlo desde el **cuadro de nombres,** deberás escribir el nombre o la fila y columna que estamos buscando, a continuación pulsar la tecla [**Enter**].

O bien, mediante el cuadro de diálogo Ir a, que podrás activar pulsando la combinación de teclas [**Ctrl +I**], o la tecla [**F5**].

Actividad 3

Ante la siguiente función "=SUMA A1+A10", identifica los errores existentes en esta, se quiere sumar desde la casilla A1 hasta la A10.

a. Los argumentos o valores siempre van entre paréntesis.
b. La función debe comenzar por el signo +.
c. No deben existir espacios entre los elementos que constituyen la función.
d. Para la suma de un rango de casillas se debe utilizar los dos puntos.
e. El signo + se debe sustituir por punto y coma.

Solución

Todas las funciones tienen que seguir una sintaxis y si esta no se respeta la aplicación informática mostrará un mensaje de error. Para insertar funciones hay que tener en cuenta los siguientes aspectos:

- Los argumentos o valores de entrada van siempre entre paréntesis. No se pueden dejar espacios antes o después de cada paréntesis.
- Los argumentos pueden ser valores constantes (números o texto), fórmulas o funciones.
- Los argumentos deben separarse por un punto y coma [;] o dos puntos [:], si indica un rango.

Actividad 4

Indica la veracidad o falsedad de las siguientes afirmaciones referentes a la protección de celdas en la hoja de cálculo.

1. Cuando en la ventana Proteger hoja está activa la casilla Aplicar formato a celdas, no tendrá efecto la protección para esa modificación seleccionada.

    - Verdadero
    - Falso

2. Si la casilla Proteger hoja y contenido de celdas bloqueadas, de la ventana Proteger hoja, está activa se protegerá la hoja pero no el contenido de las celdas.

    - Verdadero
    - Falso

3. El desbloqueo de celdas se realiza mediante la siguiente ruta: ficha Inicio → flecha de la sección Fuente → pestaña Proteger → desactivar casilla Bloqueada.

    - Verdadero
    - Falso

4. **Para proteger una hoja se debe elegir la sección Cambios de la ficha Diseño de página.**

   - Verdadero
   - Falso

5. **Las celdas están protegidas o bloqueadas inicialmente.**

   - Verdadero
   - Falso

Solución

Realmente por defecto todas las celdas están protegidas o bloqueadas para que no sufran cambios, pero es inapreciable ya que la hoja no está protegida.

No existe la sección Cambios en la ficha Diseño de página.

Si la casilla Proteger hoja y contenido de celdas bloqueadas, de la ventana Proteger hoja, está activa se protegen hoja y celdas.

Para desbloquear las celdas debes seleccionar el rango de celdas que quieres desbloquear y llevar a cabo los siguientes pasos en la ficha **Inicio:**

- Hacer clic sobre la flecha que se encuentra bajo la sección Fuente.
- Después hacer clic en la pestaña Proteger.
- Desactivar la casilla Bloqueada y haga clic en Aceptar. Si se activa la casilla Oculta, el valor de la celda no se visualizará en la barra de fórmulas.

Actividad 5

Relaciona los siguientes tipos de errores que pueden aparecer en la introducción de fórmulas en una hoja de cálculo, con su correspondiente significado.

a. #¡NUM!
b. #¡N/A!

c. #¡VALOR!

d. #¡DIV/0!

e. #¿NOMBRE

1. Cuando se escribe mal el nombre de alguna función/rango, se utiliza alguna función personalizada y se tienen deshabilitadas las macros o el complemento correspondiente.

2. Cuando una fórmula de búsqueda o referencia no encuentra ninguna coincidencia exacta en la correspondiente matriz de búsqueda.

3. Al insertar un valor no numérico como un argumento de función que Excel espera que sea argumento numérico y cuando se inserta un número inválido.

4. Cuando el tipo de argumento solicitado por la función es distinto al insertado por el usuario.

5. Al hacer una división por cero, o bien, por una referencia a un cero.

Solución

Estos tipos de errores se producirían por:

- **#¡NUM!** --- Al insertar un valor no numérico como un argumento de función que Excel espera que sea argumento numérico y cuando se inserta un número inválido.
- **#¡N/A!** --- Cuando una fórmula de búsqueda o referencia no encuentra ninguna coincidencia exacta en la correspondiente matriz de búsqueda.
- **#¡VALOR!** --- Cuando el tipo de argumento solicitado por la función es distinto al insertado por el usuario.
- **#¡DIV/0!** --- Al hacer una división por cero, o bien, por una referencia a un cero.
- **#¿NOMBRE?** --- Cuando se escribe mal el nombre de alguna función/rango, se utiliza alguna función personalizada y se tienen deshabilitadas las macros o el complemento correspondiente.

Aplicaciones informáticas de bases de datos relacionales

Ejercicios de autoevaluación
Unidad de Aprendizaje 1

1. ¿Cuál de las siguientes no es el nombre de una pestaña de *Access*?

    a. Fuente
    b. Crear
    c. Inicio
    d. Datos externos

2. Escribe los seis objetivos principales que persigue todo *software* Sistema Gestor de Bases de Datos:

    1. Abstracción de la información.
    2. Independencia.
    3. Consistencia.
    4. Seguridad.
    5. Manejo de transacciones.
    6. Tiempo de respuesta.

3. La Barra de Título contiene botones de acceso rápido como Guardar, Imprimir o Deshacer.

    ■ Verdadero
    ■ **Falso**

4. La parte derecha de la ventana de *Access,* donde se editan los documentos, se denomina...

    a. ... barra de título.
    b. ... cinta de opciones
    c. ... área de documentos.
    d. ... panel de navegación.

5. **Indica cuál de las siguientes pautas evita el daño en una base de datos.**

    a. **Compactar los archivos de la base de datos con regularidad.**
    b. Salir del gestor sin guardar previamente.
    c. Trabajar en bases de datos compartidas y con problemas en internet.
    d. Realizar impresiones regulares de la base de datos.

6. **¿Cómo se entra a *Access*?**

Para la entrada al programa se hará como con cualquier otro programa del equipo. Si hay un acceso directo en el Escritorio de *Windows* haremos doble clic sobre él o si no buscaremos su icono correspondiente a través del Menú de Inicio.

7. **Relaciona los siguientes elementos.**

    a. Tabla
    b. Consulta
    c. Formulario

    a. Conjunto de datos distribuidos en filas y columnas.
    b. Pregunta que se hace a la base de datos.
    c. Método de enmascarar los datos para que se vean en una ventana.

Ejercicios de autoevaluación
Unidad de Aprendizaje 2

1. Existen ocasiones en las que *Microsoft Office Access* crea índices de forma automática.

   ■ **Verdadero**
   ■ Falso

2. ¿Qué opción permite crear una pequeña tabla de valores para elegir uno?

   a. Índice.
   b. Asistente para búsquedas.
   c. Id. de réplica.
   d. Clave principal.

3. Relaciona cada propiedad con su tipo de dato.

   a. Texto.
   b. Hipervínculo.
   c. Objeto OLE.

   c. Archivos de imágenes, sonidos y vídeos.
   a. Está indicado para almacenar datos como nombres.
   b. Almacena direcciones de internet o de correo electrónico.

4. Indica si las siguientes afirmaciones son verdaderas o falsas.

   a. En una tabla de *Access,* los nombres pueden llevar acentos.

   ■ Verdadero
   ■ **Falso**

   b. Un tipo de dato se denomina Calculado, y permite agregar archivos adjuntos.

   ■ Verdadero
   ■ **Falso**

5. Define los siguientes conceptos: campo, registro y dato.

- ŏ Campo: es cada uno de los tipos de datos que se van a usar.
- ŏ Registro: está formado por el conjunto de información particular.
- ŏ Dato: es la intersección entre un campo y un registro.

6. Indica si las siguientes afirmaciones son verdaderas o falsas.

a. La única forma de validar un dato que se acaba de insertar en una tabla es pulsando la tecla [Intro].

- ■ Verdadero
- ■ **Falso**

b. Se pueden eliminar registros de una tabla seleccionando el registro y pulsando la tecla [Supr].

- ■ **Verdadero**
- ■ Falso

7. ¿Para qué se utilizan los filtros en una base de datos?

En caso de que las tablas sean muy extensas y las condiciones que cumplan los registros sean más complejas, la búsqueda no es operativa. Necesitamos hacer uso de los llamados Filtros.

Estos permiten seleccionar los registros que cumplan determinada condición o condiciones, lo que facilitará la realización de las búsquedas.

Ejercicios de autoevaluación
Unidad de Aprendizaje 3

1. Las opciones para cambiar el Alto de las filas de las tablas de *Access* se encuentran en el grupo...

    a. ... Fuente.
    b. ... Texto Enriquecido.
    c. ... Registros.
    d. ... Ordenar y filtrar.

2. Indica si las siguientes afirmaciones son verdaderas o falsas.

    a. En la relación uno a varios, un registro de una tabla puede estar relacionado con más de un registro de la otra tabla y viceversa.

        ■ Verdadero
        ■ Falso

    b. Para que la clave principal funcione se debe identificar inequívocamente a cada fila.

        ■ Verdadero
        ■ Falso

3. Relaciona cada concepto con su definición.

    a. Integridad referencial.
    b. Clave principal.

    a. Sistema de reglas que utiliza *Microsoft Access* para garantizar que las relaciones entre los registros de tablas relacionadas son válidas y que no se eliminan ni modifican accidentalmente datos relacionados.
    b. Campo o grupo de campos que identifican inequívocamente a cada uno de los registros almacenados en la tabla.

4. Identifica qué opción permite que un campo permanezca siempre visible a la izquierda de una ventana.

    a. Mostrar campos
    b. Inmovilizar campos
    c. Liberar todos los campos
    d. Fijar campos

5. Cuando queremos copiar una tabla pero necesitamos solo los campos de la original, a la hora de pegarla seleccionaremos la opción...

    a. ... Estructura solamente.
    b. ... Estructura y datos.
    c. ... Anexar datos a la tabla existente.

6. Supón que tienes una tabla con nombres de viajeros y otra con lugares del mundo que han visitado esos viajeros, pudiendo un mismo viajero haber viajado a más de un lugar. ¿Qué tipo de relación tienen esas tablas?

    a. Relación Uno a Uno
    b. Relación Uno a Varios
    c. Relación Varios a Varios

Ejercicios de autoevaluación
Unidad de Aprendizaje 4

1. Relaciona cada parámetro con su función.

   a. Mostrar
   b. Criterio
   c. Tabla
   d. Orden

   b. Especifica los criterios de búsqueda.
   a. En caso de que la casilla de verificación aparezca desactivada, la columna no aparecerá en el resultado de la consulta.
   d. Establece el orden para mostrar las filas de resultado.
   c. Contiene el nombre de la tabla de la que procede el campo situado en su parte superior.

2. Indica cinco acciones que se pueden llevar a cabo mediante el uso de consultas.

   1. Ver los registros de una o varias tablas que cumplen una determinada condición.
   2. Ver datos simultáneamente de varias tablas.
   3. Ver determinados campos de registros que cumplen una condición, colocados a voluntad.
   4. Llevar a cabo la ordenación de determinados registros.
   5. Calcular nuevos valores a partir de los ya almacenados en una tabla.

3. ¿Qué tipo de consulta crea una nueva tabla con los datos que cumplen las condiciones que se han marcado?

   a. Consulta de selección.
   b. Consulta de crear tabla.
   c. Consulta de anexar.
   d. Consulta de eliminación.

4. ¿Qué tipo de consulta hace que los datos que cumplan las condiciones marcadas se añadan a una tabla ya existente?

    a. Consulta de actualizar.
    b. Consulta de crear tabla.
    c. Consulta de anexar.
    d. Consulta de tablas de referencias cruzadas.

5. Indica si las siguientes afirmaciones son verdaderas o falsas.

    a. Uno de los métodos para realizar una consulta es ir a la ficha Crear y dentro de esta recurrir al Asistente para consultas.

        ■ **Verdadero**
        ■ Falso

    b. Se pueden crear consultas definiéndolas mediante el lenguaje de programación SQL.

        ■ **Verdadero**
        ■ Falso

6. Indica qué cláusula indica lo que se desea hacer y con qué información se desea hacer.

    a. SELECT
    b. FROM
    c. WHERE
    d. LINE

7. Indica si las siguientes afirmaciones son verdaderas o falsas.

    a. Si al guardar una consulta se desea reescribir la que había anteriormente, se pulsará sobre la opción Guardar como.

        ■ Verdadero
        ■ **Falso**

b. Para ejecutar una consulta se hará desde el Panel de exploración.

   ■ **Verdadero**
   ■ Falso

c. Para eliminar una consulta basta con pulsar la tecla [Supr].

   ■ Verdadero
   ■ **Falso**

Ejercicios de autoevaluación
Unidad de Aprendizaje 5

1. ¿Qué es un formulario?

Un formulario es una vista organizada de algunos campos de una o varias tablas o consultas. Los formularios se usan para introducir nueva información, modificarla o eliminarla de una forma sencilla y visual.

2. Indica si las siguientes afirmaciones son verdaderas o falsas.

a. Con *Access* puedes generar e insertar gráficos estadísticos fácilmente, aunque estos tienen que ser exclusivamente gráficos de barras.

■ Verdadero
■ **Falso**

b. Los formularios permiten agregar, eliminar y modificar la información contenida en la base de datos.

■ **Verdadero**
■ Falso

3. Describe brevemente las tres funcionalidades de impresión que aparecen al acceder a la ruta de Archivo → Imprimir.

ò Imprimir: permite seleccionar una impresora, un número de copias y otras opciones de impresión antes de imprimir

ò Impresión rápida: realiza la configuración de impresión definida por defecto en el momento de uso, no permitiendo la selección de ninguna opción, lo que implica una impresión rápida a cambio de una "pérdida de control" del proceso de impresión.

ò Vista preliminar: ofrece una previsualización del documento antes de su impresión, permitiendo, si fuese necesario, cambios en este.

4. ¿Qué botón debes desplegar si deseas usar el Asistente para Formularios?

    a. Crear → Formularios → Asistente para formularios.
    b. Crear → Formularios → Asistente para formularios → Diseño del formulario.
    c. Crear → Formularios → Formulario en blanco.
    d. Crear → Formularios → Navegación → Más formularios.

5. ¿Cómo se denomina al formulario insertado dentro del formulario principal?

    a. Subformulario.
    b. Metaformulario.
    c. Formulario secundario.
    d. La acción descrita no es posible realizarla.

6. En la Vista Diseño hay tres secciones, ¿en cuál de ella aparecen los registros de datos?

    a. Encabezado
    b. Detalle
    c. Pie

Ejercicios de autoevaluación
Unidad de Aprendizaje 6

1. ¿Qué es un informe?

Un informe es un elemento que se utiliza para resumir y organizar la información contenida en una base de datos. Son las salidas impresas de la información recogida en la base de datos.

2. Indica si las siguientes afirmaciones son verdaderas o falsas.

a. Un inconveniente que presentan los informes de *Access* es que no pueden contener campos de dos tablas diferentes.

- Verdadero
- **Falso**

b. Uno de los objetivos de los informes es ofrecer información a los directivos para la toma de decisiones.

- **Verdadero**
- Falso

3. ¿Cuál de las siguientes herramientas permite personalizar los informes?

a. Autoinforme
b. Asistente para informes
c. Panel de control
d. Asistente de personalización de tabas

4. Indica si las siguientes frases son verdaderas o falsas.

a. Un subinfome es un informe insertado dentro de otro llamado principal en el que se muestran datos de una tabla concreta.

- Verdadero
- **Falso**

b. Los datos del subinforme deben estar relacionados con los datos del informe principal.

■ **Verdadero**
■ Falso

5. La Vista Diseño consta de varias secciones, ¿en cuál de ellas va el título del informe?

a. **En el encabezado del informe.**
b. En el encabezado de la página.
c. En el encabezado del nivel de agrupamiento.
d. En el detalle.

6. ¿Cómo se escriben los módulos?

a. Se escriben como texto normal utilizando el teclado.
b. Se escriben con código Ascii.
c. **Se escriben utilizando el lenguaje de programación *Visual Basic.***
d. Se escriben utilizando el lenguaje de programación HTML5.

Actividad 1

Indica cuáles de las siguientes afirmaciones referidas a la ordenación y los filtros es verdadera.

a. Las opciones de filtro dependen del tipo de dato que se le dé al campo.
b. Las opciones de ordenación dependen del tipo de dato que se le dé al campo.
c. La opción de Reemplazar ofrece los mismos resultados que aplicar un filtro.

Solución

Las opciones de filtro dependen del tipo de dato que se le dé al campo.

Las opciones de ordenar son siempre iguales.

La opción de reemplazar permite cambiar datos cosa que no hace el filtro.

Aplicaciones informáticas para presentaciones: gráficas de información

Ejercicios de autoevaluación
Unidad de Aprendizaje 1

1. ¿Cuál de los siguientes no es un requisito metodológico que garantice que la información que se genere pueda ser usada en la toma de decisiones?

   a. Eficiencia
   b. Objetividad
   c. Utilidad
   d. Retroalimentación

2. **Escribe cuatro aspectos que cada proyecto de presentación debe tener en cuenta:**

   ➲ Código y descripción del proyecto.
   ➲ Resultados a obtener.
   ➲ Responsable o coordinador.
   ➲ Esfuerzo necesario.
   ➲ Marco temporal (fecha de comienzo y finalización).
   ➲ Costes asociados.
   ➲ Requerimientos específicos.

3. **Indica si las siguientes afirmaciones son verdaderas o falsas.**

   a. En lo referente a la seguridad de la información, la confidencialidad consiste en que solo los usuarios autorizados puedan variar (modificar o borrar) los datos.

   ▪ Verdadero
   ▪ **Falso**

   b. En lo referente a la confidencialidad de la información, la disponibilidad se cumple si las personas autorizadas pueden acceder a tiempo a la información.

   ▪ **Verdadero**
   ▪ Falso

4. ¿Qué es la imagen corporativa?

Resulta del conjunto de cualidades que los consumidores atribuyen a una empresa, es decir, lo que la empresa significa para la sociedad, cómo se le ve.

5. Indica si las siguientes afirmaciones son verdaderas o falsas.

a. Cada persona puede tener una imagen diferente de una misma empresa.

- **Verdadero**
- Falso

b. Las campañas de imagen corporativa de las empresas no suelen reflejar lo que las empresas son, es decir, no reflejan la realidad de la empresa.

- Verdadero
- **Falso**

6. ¿Cómo puede una buena imagen corporativa añadir valor a la empresa? Indica al menos cuatro aspectos.

- Aumenta el valor de sus acciones.
- Tiene más posibilidades de obtener buenas negociaciones en la adquisición de otros negocios y empresas.
- Mejora la imagen de sus productos y servicios, las marcas que ofrece al mercado, etc.
- En mercados muy saturados, una empresa con buena imagen se diferencia mejor y logra ser recordada sin problemas.
- Cuando la empresa tiene que lanzar nuevos productos, las actitudes del consumidor son más favorables.
- Ante cualquier adversidad, el público objetivo actúa mejor y confía en mayor medida en la empresa que tiene una imagen positiva.
- Los mejores profesionales quieren trabajar en compañías cuya imagen corporativa es positiva.
- Los empleados se sienten orgullosos de trabajar en una empresa con buena imagen, sobre todo si el esmero de conseguirla no solo se refiere a los públicos externos, sino también a los internos.

7. La evaluación de los proyectos que incluye la parte económica y financiera es la denominada...

    a. ... evaluación privada.
    b. ... evaluación social.
    c. ... evaluación *ex-ante*.
    d. ... evaluación de impacto.

8. ¿Cómo se denomina la evaluación de proyectos que se realiza justo al finalizar el proyecto?

    a. Evaluación de impacto.
    b. Evaluación continua.
    c. Evaluación operativa.
    d. Evaluación de resultados.

Ejercicios de autoevaluación
Unidad de Aprendizaje 2

1. Indica si las siguientes frases son verdaderas o falsas.

    a. *PowerPoint* permite incluir en sus presentaciones sonidos, imágenes o vídeos.

    - Verdadero
    - Falso

    b. La única forma de acceder a *PowerPoint* es desde el acceso directo que se encuentra en el menú de inicio.

    - Verdadero
    - **Falso**

2. ¿Cuáles son los tres paneles que contiene la vista Normal en *Power-Point?*

    a. Panel de fichas de Diapositiva y Esquema
    b. Panel Diapositiva
    c. Panel Notas
    d. **Todas las opciones son correctas**

3. ¿Cuál de los siguientes elementos no es una vista de la aplicación *PowerPoint?*

    a. Normal
    b. Clasificador de diapositivas
    c. Lectura
    d. **Miniaturas**

4. Relaciona los siguientes conceptos con su definición.

    a. Barra de título
    b. Barra de herramientas de acceso rápido
    c. Cinta de opciones

    1. Contiene las opciones que más se usan en el programa.
    2. Contiene los botones para guardar, deshacer o rehacer.
    3. Está formada por una serie de botones que permiten realizar rápidamente las tareas más usuales.

Solución
a. 2
b. 1
c. 3

5. ¿Cómo se puede acceder a las opciones de *PowerPoint* a través del teclado?

    a. Pulsando la tecla [Ctrl].
    b. Pulsando la tecla [Alt].
    c. Pulsando la tecla [Tab].
    d. Pulsando la tecla [Shift].

6. Identifica en cuál de los siguientes paneles se diseñará la presentación.

    a. Panel Diapositiva
    b. Panel de Tareas
    c. Panel de Esquemas
    d. Panel Presentación

7. Describe brevemente qué son los marcadores de posición.

Son espacios reservados dentro de la presentación y que pueden contener títulos, textos, tablas, imágenes, vídeos, etc.

Cada uno de estos cuadros punteados o sombreados indicará lo que representan, de ahí la necesidad de añadir tales elementos a la diapositiva, haciendo clic sobre el contenedor.

8. Indica si las siguientes frases son verdaderas o falsas.

a. Cuando se abre el cuadro de diálogo para guardar un documento, hay un botón que permite conectarte a la unidad de la red ofreciendo en la lista el contenido. De esta forma podrán abrirse archivos que se encuentren en otros terminales de la red.

- **Verdadero**
- Falso

b. Cuando se abre el cuadro de diálogo para guardar un documento, existe una opción que permite comprimir las imágenes del documento.

- **Verdadero**
- Falso

9. ¿Cuál de las siguientes teclas te permitirá acceder a la ayuda de *PowerPoint*?

a. **[F1]**
b. [F2]
c. [F3]
d. [F4]

Ejercicios de autoevaluación
Unidad de Aprendizaje 3

1. Completa el siguiente párrafo.

La herramienta **Duplicar diapositivas** permite la creación de diapositivas con características semejantes a una inicial, lo que nos permite mantener un diseño constante en nuestra presentación.

2. Indica si las siguientes frases son verdaderas o falsas.

    a. Las diapositivas se podrán eliminar desde el panel diapositivas o esquema, bien pulsando el botón derecho del ratón y haciendo clic en Eliminar diapositiva, bien pulsando la tecla [Supr].

        ■ **Verdadero**
        ■ Falso

    b. Se pueden copiar y pegar diapositivas utilizando los atajos de teclado [Ctrl + [C] y [Ctrl] + [V].

        ■ **Verdadero**
        ■ Falso

3. Para ordenar diapositivas, ¿qué uso de la vista es recomendable?

    a. **Esquema**
    b. Presentación
    c. Clasificador de diapositivas
    d. Pantalla completa

4. Indica si las siguientes frases son verdaderas o falsas.

a. En una diapositiva de tipo título solo se podrá escribir texto y personalizar el fondo.

- ■ Verdadero
- ■ **Falso**

b. La opción Duplicar permite copiar la diapositiva en otra presentación.

- ■ Verdadero
- ■ **Falso**

5. ¿Cuál de las siguientes opciones realiza automáticamente el copiado y pegado de una diapositiva en un solo clic?

a. Copiar
b. Pegar
c. **Duplicar**
d. Reproducir

Ejercicios de autoevaluación
Unidad de Aprendizaje 4

1. Indica si las siguientes frases son verdaderas o falsas.

   a. Sobre los objetos se pueden realizar las mismas funciones que sobre las diapositivas.

   - **Verdadero**
   - Falso

   b. Cuando se hace clic sobre un texto, este no se habilita para la escritura, solo se selecciona.

   - Verdadero
   - **Falso**

2. ¿Cuál es el atajo de teclado que permite conseguir la duplicación de objetos de una forma rápida?

   a. [Ctrl] + [V]
   b. [Ctrl] + [D]
   c. [Ctrl] + [Alt] + [2]
   d. [Ctrl] + [Alt] + [D]

3. Relaciona las siguientes funciones con su descripción.

   a. Distribuir objetos
   b. Alinear objetos

   1. Consiste en hacer que todos se ajusten a una misma línea imaginaria.
   2. Consiste en desplazar los objetos para que haya la misma distancia entre ellos, bien sea distancia horizontal o vertical.

   Solución
   a. 2
   b. 1

4. Al desplegar el menú Formas, existen prediseñados otros objetos que puedes insertar fácilmente en su diapositiva, ¿de qué forma quedan agrupados?

- Líneas
- Rectángulos
- Formas Básicas
- Flechas de Bloque
- Formas de Ecuación
- Diagramas de Flujo
- Cintas y estrellas
- Llamadas
- Botones de acción

5. ¿Cómo se llama la herramienta que incorpora *PowerPoint* para diseñar organigramas y esquemas?

SmartArt.

6. Indica si las siguientes frases son verdaderas o falsas.

a. Para mover arrastrando un objeto, tras seleccionarlo se mantendrá pulsado el botón derecho del ratón.

- Verdadero
- **Falso**

b. Si se selecciona un objeto y se pulsan las flechas del teclado, el objeto se moverá.

- **Verdadero**
- Falso

7. ¿Para qué sirven los controladores de las esquinas en los objetos?

Sirven para modificar el tamaño del objeto. Si te sitúas en los puntos de las esquinas verás que el puntero del ratón se convierte en una flecha de dos direcciones que te permitirá modificar, al mismo tiempo, el ancho y alto del objeto.

8. **Cuando colocas en** *PowerPoint* **objetos encima de otros, con la opción traer adelante...**

   a. ...el objeto seleccionado pasará a estar el primero, tapando los que tenga debajo.
   b. **...el objeto que tengas seleccionado pasará una posición hacia adelante.**
   c. ... el objeto seleccionado pasará una posición atrás.
   d. ... el objeto seleccionado pasará a estar el último.

9. **¿Cuál de las siguientes opciones une dos o más objetos para que formen uno solo?**

   a. Desagrupar
   b. **Agrupar**
   c. Traer al fondo
   d. Apiñar

10. **Indica si las siguientes frases son verdaderas o falsas.**

    a. *PowerPoint* incorpora una grabadora para insertar y modificar audios que podremos incluir en las diapositivas.

       ■ Verdadero
       ■ **Falso**

    b. La opción Vídeo en línea permitirá insertar un hipervínculo de un vídeo que se encuentre en una página web.

       ■ **Verdadero**
       ■ Falso

Ejercicios de autoevaluación
Unidad de Aprendizaje 5

1. Completa la siguiente frase.

La inserción de un nuevo comentario se puede hacer en la pestaña **Revisar**.

2. Indica si las siguientes frases son verdaderas o falsas.

a. Es importante no olvidar confeccionar las páginas de notas a la vez que vamos confeccionando la presentación, debido a la imposibilidad de crear estas páginas una vez que se haya finalizado y guardado el trabajo.

- Verdadero
- **Falso**

b. Las opciones de la sección Comentarios las utilizarás para moverte por los distintos comentarios de la diapositiva, para editarlos, ocultarlos o eliminarlos.

- **Verdadero**
- Falso

3. ¿Cuál es la ruta para crear una página de notas?

a. Insertar → Campos → Notas del orador
b. Insertar → Página de notas
c. Vista → Vistas de presentación → Página de notas
d. Vista → Notas del orador

4. ¿Qué son los comentarios de las diapositivas? ¿Cuál es su principal función?

Los comentarios son pequeñas anotaciones que puedes utilizar para recordar, por ejemplo, tareas pendientes (al igual que los pequeños papeles adhesivos). También se utilizan con mucha frecuencia para la revisión de presentaciones por varios revisores, puesto que este enviará la copia de la presentación con los cambios realizados y comentarios de estos cambios.

5. Si deseas eliminar un comentario de la diapositiva, y pulsas la opción eliminar...

    a. ... eliminas todos los comentarios de la diapositiva.

    b. ... si antes de pulsar la opción Eliminar, seleccionas el comentario, eliminarás el comentario seleccionado.

    c. ... eliminas todos los comentarios de la presentación.

Ejercicios de autoevaluación
Unidad de Aprendizaje 6

1. Indica si las siguientes afirmaciones son verdaderas o falsas.

a. El fondo de las diapositivas de una presentación es un parámetro configurable, que permite multitud de opciones.

   ■ **Verdadero**
   ■ Falso

b. Las combinaciones de colores de *PowerPoint* son conjuntos de 8 colores armónicos.

   ■ **Verdadero**
   ■ Falso

2. Cuando hablamos de la diapositiva principal en una jerarquía de diapositivas, que guarda toda la información sobre el tema y los diseños de diapositiva de una presentación, incluidos el fondo, el color, las fuentes, los efectos, los tamaños de los marcadores de posición y las posiciones, ¿a qué nos referimos?

A un patrón de diapositivas..

3. Indica si las siguientes afirmaciones son verdaderas o falsas.

a. Las combinaciones de colores han de elegirse forzosamente para toda la presentación.

   ■ Verdadero
   ■ **Falso**

b. Cada plantilla de diseño disponible en *PowerPoint* dispone de un conjunto de combinaciones de colores prediseñadas.

   ■ **Verdadero**
   ■ Falso

4. Necesitas cambiar la apariencia de la presentación, ¿en qué ficha se encuentran los Temas?

    a. Archivo
    b. Inicio
    c. Insertar
    d. Diseño

5. ¿Cuál de las siguientes opciones es ideal para crear rellenos en las figuras, con los que podrás dar la sensación de superficie?

    a. Relleno con imagen o textura
    b. Relleno sólido
    c. Relleno degradado
    d. Relleno de trama

Ejercicios de autoevaluación
Unidad de Aprendizaje 7

1. **Indica si las siguientes afirmaciones son verdaderas o falsas.**

   a. La pestaña en la que encontrarás el botón que te permite orientar la diapositiva es la llamada Diseño.

      ■ **Verdadero**
      ■ Falso

   b. Las diapositivas de *PowerPoint* presentan un tamaño fijo.

      ■ Verdadero
      ■ **Falso**

2. **¿Cuál de las siguientes combinaciones de teclas te permitirán imprimir una diapositiva?**

   a. [Ctrl + I]
   b. [Ctrl + L]
   c. **[Ctrl + P]**
   d. [Alt + H]

3. **Indica si las siguientes afirmaciones son verdaderas o falsas.**

   a. Es posible orientar la diapositiva vertical u horizontalmente, pero no las notas del orador.

      ■ Verdadero
      ■ **Falso**

   b. Existe una opción que permite actualizar la fecha y hora del pie de página automáticamente cada vez que se abre la diapositiva.

      ■ **Verdadero**
      ■ Falso

4. ¿Cuál de los siguientes botones te permitirá imprimir una presentación?

    a. Duplicar
    b. Sacar en papel
    c. Finalizar presentación
    d. Imprimir

5. ¿Qué opción te permitirá especificar el número de copias que necesitas imprimir de una presentación?

    a. Copias
    b. Duplicados
    c. Reproducciones
    d. Número de transcripciones

6. Necesitas imprimir una selección de diapositivas no consecutivas de una misma presentación, ¿qué opción te permitirá realizarlo?

    a. Imprimir selección
    b. Imprimir todas las diapositivas
    c. Imprimir diapositiva actual
    d. Rango personalizado

7. Necesitas imprimir las diapositivas 1, 3, 4, 5, ¿cómo lo especificarás en la caja Diapositivas?

    a. 1; 3-5.
    b. 1-5.
    c. 1, 3, 4, 5.
    d. Se dejará la caja en blanco.

Ejercicios de autoevaluación
Unidad de Aprendizaje 8

1. Relaciona los siguientes elementos.

a. Animación de elementos.
b. Transición de diapositivas.

1. Pestaña Animaciones.
2. Pestaña Transiciones.

Solución
a. 1
b. 2

2. Aunque puede cambiar según el equipo informático, lo usual es conseguir la sincronización del ordenador con el proyector pulsando simultáneamente dos teclas, ¿cuáles son?

a. [Fn] + [F1]
b. [Fn] + [F5]
c. [Fn] + [F6]
d. [Fn] + [F9]

3. Completa la siguiente oración.

La definición del modo en que va a producirse el paso de una diapositiva a la siguiente mediante efectos visuales de gran calado estético en PowerPoint, se consigue gracias a la **transición de diapositivas.**

4. Has aplicado un efecto a una diapositiva y necesitas configurar la duración de dicha animación, ¿en qué pestaña se encuentra la opción?

a. Efecto
b. Intervalos
c. Animación de texto
d. Desplazamiento

5. Indica si las siguientes afirmaciones son verdaderas o falsas.

    a. *PowerPoint* ofrece la posibilidad de que los párrafos que componen una diapositiva no aparezcan a la vez.

       ■ **Verdadero**
       ■ Falso

    b. Cuando se configura una animación, esta tiene una duración predefinida que no puede modificarse.

       ■ Verdadero
       ■ **Falso**

6. Explica las características de las presentaciones que tienen seleccionadas la opción Realizada por un orador (pantalla completa).

La opción que aparece por defecto es **Realizada por un orador (pantalla completa),** donde este debe estar presente durante la exposición. Las diapositivas y animaciones podrán avanzar manualmente o establecer intervalos automáticos mediante el comando **Ensayar intervalos** (menú presentación).

7. Indica si las siguientes afirmaciones son verdaderas o falsas.

    a. Es posible agregar a un mismo objeto más de una animación.

       ■ **Verdadero**
       ■ Falso

    b. La tecla [F2] mostrará el Panel de animación, en el que podrás ver las animaciones que tienen asignadas los objetos y reproducirlas.

       ■ Verdadero
       ■ **Falso**

c. Es posible asignar tiempos automáticos para las presentaciones, de forma que se pueden ensayar primero los tiempos que necesitas explicar cada diapositiva y luego aplicar esos tiempos a tu presentación.

- ■ **Verdadero**
- ■ Falso

8. **Identifica cuál de los siguientes aspectos no es conveniente realizar en el ensayo de las diapositivas.**

a. Hablar siempre en voz alta mientras se practica.
b. **Practicar la presentación en el salón de tu casa o en cualquier otro sitio que te resulte familiar.**
c. Deja unos minutos al final para preguntas.
d. Ensaya delante de algún compañero.